# Practical
# Synthetic Data
# Generation

머신러닝을 위한 실전 데이터셋

| 표지 설명 |

책표지의 동물은 중남미 열대지방에서 자생하는 야행성 조류인 포투Common potoo (학명: *Nyctibius griseus*)다. 포투는 주로 강이나 도로변, 숲 가장자리 등 나무가 우거진 숲 속에서 서식한다.

포투는 부엉이와 쏙독새nightjar를 닮았다. 머리에는 크고 검은 줄무늬가 있으며 눈 색깔이 노랗다. 낮에는 나무둥치 아래에 있으며 회갈색 깃털의 층진 무늬가 나뭇결과 흡사해 눈에 잘 띄지 않는다. 밤에는 갈고리 모양의 부리로 날아다니는 곤충을 사냥하며, 넓적하게 벌어지는 입으로 나방과 딱정벌레를 쓸어 올려 잡아먹는다.

암컷 포투는 둥지를 짓지 않는다. 대신 흰 바탕에 자줏빛이 도는 갈색 빈점이 있는 알 하나를 나무둥치나 부러진 굵은 나뭇가지의 움푹 패인 곳에 낳는다. 낮에는 수컷이 알을 품지만, 밤에는 암컷과 수컷이 번갈아 가며 알을 품는다.

잊혀지지 않는 우울한 노래로 잘 알려진 포투의 노래 'BO-OU, BO-OU, Bo-ou, Bo-ou, Bo-ou, Bo-ou, Bo-ou'는 음의 고저와 강세가 거의 없으며 지역 민속에서 유래했다. 일례로 페루에서 포투가 우는 소리는 길을 잃은 아이가 엄마를 찾아 부르는 소리라고 한다.

포투는 관심대상종이지만, 오라일리 책 표지에 있는 동물은 대부분 멸종 위기종으로 특별한 보호를 받아야 한다.

표지 삽화는 영국 사이클로피디아The English Cyclopedia의 흑백 판화를 바탕으로 캐런 몽고메리Karen Montgomery가 그렸다.

# 머신러닝을 위한 실전 데이터셋
개인 정보를 보호하고 머신러닝 학습에 사용할 합성 데이터 만들기

**초판 1쇄 발행** 2021년 1월 4일

**지은이** 칼리드 엘 에맘, 루시 모스케라, 리처드 홉트로프 / **옮긴이** 심상진 / **펴낸이** 김태헌
**펴낸곳** 한빛미디어(주) / **주소** 서울시 서대문구 연희로2길 62 한빛미디어(주) IT출판부
**전화** 02-325-5544 / **팩스** 02-336-7124
**등록** 1999년 6월 24일 제25100-2017-000058호 / **ISBN** 979-11-6224-374-9 93000

**총괄** 전정아 / **책임편집** 서현 / **기획** 서현 / **교정** 김묘선
**디자인** 표지 이아란 내지 박정화 전산편집 김민정
**영업** 김형진, 김진불, 조유미 / **마케팅** 박상용, 송경석, 조수현, 이행은, 고광일 / **제작** 박성우, 김정우

이 책에 대한 의견이나 오탈자 및 살못된 내용에 대한 수성 성보는 한빛미니어(주)의 홈페이지나 아래 이메일로 알려주십시오. 잘못된 책은 구입하신 서점에서 교환해드립니다. 책값은 뒤표지에 표시되어 있습니다.

한빛미디어 홈페이지 www.hanbit.co.kr / 이메일 ask@hanbit.co.kr

지금 하지 않으면 할 수 없는 일이 있습니다.
책으로 펴내고 싶은 아이디어나 원고를 메일(**writer@hanbit.co.kr**)로 보내주세요.
한빛미디어(주)는 여러분의 소중한 경험과 지식을 기다리고 있습니다.

# Practical Synthetic Data Generation

## 머신러닝을 위한 실전 데이터셋

O'REILLY®  한빛미디어
Hanbit Media, Inc.

# 지은이 소개

**칼리드 엘 에맘** Khaled El Emam

Eastern Ontario Research Institute의 아동병원 선임 과학자이자 종합적인 전자 건강 정보 연구소 소장으로 합성 데이터 생성 방법과 도구에 대한 응용 학술 연구를 수행하고 재식별 위험성을 측정한다. 또 오타와 대학교 의과대학 교수로 재직 중이다.

칼리드는 의료산업에서 인공지능과 머신러닝(AIML)의 응용을 추진하기 위해 합성 데이터 개발에 주력하는 Replica Analytics의 공동 설립자다. 동시에 데이터 보호 기술을 개발하고 의료 서비스를 제공하며 신약 발명을 지원하는 분석 도구를 구축하는 기술 회사의 이사회에서 투자, 자문, 이사를 겸임하고 있다.

1990년대 초부터 데이터 분석을 수행하며 예측과 평가를 위한 통계와 머신러닝 모델을 구축했다. 2004년부터는 알고리즘 기본 연구부터 전 세계적으로 배포된 응용 솔루션 개발에 이르기까지 이차 분석을 위해 데이터를 쉽게 공유하는 기술을 개발해왔다. 이 기술은 익명화와 가명화, 합성 데이터, 보안 계산, 데이터 워터 마킹 문제를 해결한다.

또한 개인 정보 보호 및 소프트웨어 엔지니어링을 주제로 다수의 책을 공동 집필하고 편집했다. 2003년과 2004년에는 「Journal of Systems and Software」에서 측정, 품질 평가, 개선에 대한 연구를 인정받아 세계 최고의 시스템 및 소프트웨어 공학 학자로 선정됐다.

칼리드의 이전 경력을 보면, 캐나다 국립 연구위원회National Research Council of Canada의 수석 연구 책임자, 독일 카이저슬라우테른Kaiserslautern에 있는 프라운호퍼 연구소Fraunhofer Institute에서 정량적 방법 그룹Quantitative Methods Group 책임자를 역임했으며, 2005년부터 2015년까지 오타와 대학교University of Ottawa에서 전자건강기록Electronic Health Information 분야의 캐나다 연구 위원장을 지냈고, 킹스 칼리지 런던 전기전자 공학과에서 박사 학위를 받았다.

## 루시 모스케라 Lucy Mosquera

캐나다 킹스턴에 있는 퀸스 대학과 브리티시컬럼비아 대학에서 학업을 마쳤으며, 생물학과 수학을 전공했다. 킹스턴 종합병원의 임상 시험 및 관찰 연구에 데이터 관리 지원을 제공하고, 다양한 회사와 동형 암호화 및 비밀 공유 프로토콜을 기반으로 한 임상 시험 데이터 공유 방법을 연구한 경력이 있다. Replica Analytics의 수석 데이터 과학자로, 건강 데이터에 대한 자신의 주제 분야 전문 지식을 합성 데이터 생성, 해당 데이터의 혁신적인 평가 방법에 통합하고 회사의 분석 프로그램을 감독하는 일을 하고 있다.

## 리처드 홉트로프 Richard Hoptroff

박사 과정에서 개발한 인공지능과 시계열 데이터 처리 기술을 기반으로 하는 기술 스타트업을 전문으로 한다. 초기 단계 개발 시의 제품 개념을 상용화하는 일, 위험과 투자 비용을 최소화해 구매할 수 있는 제품과 서비스의 개발에 주된 관심이 있다. 지난 30여 년간 예측 소프트웨어, 데이터 마이닝, 블루투스 라디오, ASIC 제작, 고정밀 스마트 워치 제조, 서비스로서의 추적 가능한 시간Traceable Time as a Service에서 스타트업 창업가로 활동했다.

리처드는 킹스 칼리지 런던에서 물리학과 광학/양자 컴퓨팅 및 신경망을 전공했으며 이 책의 공동 저자인 칼리드 엘 에맘을 만났다. 영국 런던의 번힐 필즈에 위치한 토머스 베이즈Thomas Bayes의 안식처에서 이 책에 기고한 내용의 초안을 대부분 작성했다.

## 옮긴이 소개

**심상진** dyanos@gmail.com

네이버 클로바의 Conversation팀에서 자연어 데이터 분석 및 모델리로 활동 중이다. 물리학을 전공했으며, 임베딩 소프트웨어 개발, 단백질 분자 모델링 연구 및 시스템 파이프라인 구축, 기상/지리 데이터 관련 시각화 및 관리 소프트웨어 방면에서 경력을 쌓았다.

현재는 데이터 분석을 평생의 업으로 생각하고 이 일에 매진하고 있다. 자연어 처리가 주 업무이며 데이터 수집 방법과 레이블링의 효율적 처리 방법을 강구하는 중이다. BERT보다 작으면서도 효율적인 구성을 가진 모델을 연구하며, 자연어를 기계어에 일대일로 대응시킬 방법을 모색하고 있다. 무엇보다 최근에 태어난 아이에 대해서도 애정 어린 연구를 게을리하지 않으려고 노력한다.

## 옮긴이의 말

매번 회사 업무는 '데이터를 어디서, 어떻게 수집할까?'하는 고민에서 시작된다. 운이 좋으면 회사 안팎의 공공 데이터를 이용해서 충분한 양의 학습 데이터를 수집하지만, 과제가 복잡할수록 요구되는 학습 데이터의 특성도 복잡해서 데이터를 구하기조차 어려워진다. 최근에는 이런 학습 데이터를 충분히 확보하기 위해서 다양한 방법을 연구, 시도하고 있다.

우리나라 정부와 기업들은 이러한 문제를 인식하고 데이터 구축 사업을 확장하고 있다. 뿐만 아니라 학계에서는 국내외를 불문하고 이 문제를 해결하기 위해 머신러닝 기법을 이용한 데이터 합성 기법을 활발히 연구하는 추세다. 이러한 이유로 데이터 합성은 여러 방면에서 주목을 받으리라 전망된다.

이 책은 데이터 합성 기법을 중점적으로 다루지 않는다. 대신 데이터를 합성할 때 고려해야 할 사항(적용 법률, 프라이버시 보호 정책 등)과 다양한 산업 분야에서의 데이터 합성 적용 사례 (교통, 의료 등), 합성 기법(머신러닝을 이용한 데이터 증강 기법)의 유형을 폭넓게 논의한다.

이 책이 고급 기술과 고차원적 내용을 다루지는 않지만, 프로젝트에서 데이터를 합성할 때 누구라도 참고할 만한 굉장히 좋은 출발점이 되리라 생각한다. 우리말로 번역하여 일선의 데이터 실무자들을 도울 기회를 주신 한빛미디어와 서현 팀장님께 감사의 인사를 드린다.

마지막으로, 언제나 지원하고 믿어주는 아내 한수미 여사, 앉은 자세에서 벌써 회장님 포스를 풍기는 집안의 귀염둥이 아들 심재우 군에게 늘 고마움을 전한다.

2020년 12월
심상진

## 이 책에 대하여

합성 데이터는 지난 몇 년간 주목을 받으며 사회적 관심이 급속도로 증가했는데, 이러한 현상은 다음과 같은 두 가지에 관심이 쏠리면서 촉빌됐다. 첫째는 인공지능과 머신러닝(AIML) 모델을 양성하고 구축하는 데 따른 대량의 데이터 수요다. 둘째는 고품질의 합성 데이터를 생성하는 효과적인 방법을 입증한 최근의 작업이다. 이로 인해 합성 데이터가 특히 AIML 커뮤니티 내에서 어려운 문제중 일부를 상당히 효과적으로 해결할 수 있음을 인식하게 됐다. 따라서 NVIDIA, IBM, 알파벳과 같은 회사들만이 아니라 미국 인구조사국 같은 정부 기관도 모델 구축, 애플리케이션 개발, 데이터 배포를 지원하기 위해 다양한 유형의 데이터 합성 방법론을 채택하기에 이르렀다.

### 누구를 위한 책인가

우리는 이 책이 누구에게든 출발점이 되기를 원하는 동시에 현업 실무자들에게 적용되기를 바란다. 따라서 우리는 큐레이션되거나 정제된 데이터가 아니라 실무에서 맞닥뜨리게 될 실제 데이터 문제를 몇 가지 논의한다. 복잡다단하고 지저분한 실제 데이터를 가지고도 여기에서 설명한 데이터 합성이 가능해야 하기 때문이다.

이 책을 쓰면서 염두에 둔 독자는 조직 내에서 AIML 모델 개발과 응용의 실현을 책임지고 있는 분석 리더와 데이터 합성을 업무에 유용하게 활용할 방법을 배우려는 데이터 과학자다. 우리는 다양한 유형의 데이터 합성 사례를 제시하여 이 접근법이 광범위하게 적용 가능함을 설명한다. 이 모든 설명의 초점은 구조화된 데이터의 합성이다.

### 책의 구성

이 책에서는 합성 데이터의 생성과 평가, 합성 데이터가 프라이버시에 미치는 영향, 합성 데이터를 조직 내에서 구현하는 방법 등을 자세히 소개한다. 더 구체적으로는 합성 데이터를 사용해서 어떻게 AIML 프로젝트를 가속화하는지 보여준다. 종래의 데이터 구축 방법(예: 자율 주행차를 제어하는 훈련 모델)으로 해결하기에는 비용이 막대하거나 위험할 수 있으며, 전혀 해결조차 하지 못했던 일부 문제를 합성 데이터로는 해결할 수 있다. 합성이 제대로 이루어지면 프라이버시 위험이 최소화되는 경향이 있지만 합성 데이터의 프라이버시 위험을 평가하는 방법도 설명한다.

**1장**에서는 합성 데이터와 그 이점이 무엇인지 설명한다. 인공지능과 머신러닝(AIML) 프로젝트는 다양한 산업에서 사용되며, 광범위한 활용 사례 중 맛보기로 몇 가지를 발췌해 수록했다.

**2장**에서는 먼저 데이터 합성의 목표를 설정하고 다른 방법들에 비해 비즈니스 우선순위에 적합한 시기를 결정하는 데 도움되는 의사결정 프레임워크를 제시한다.

**3장**에서는 데이터 합성 프로세스의 첫 번째 단계인 분포 모델링을 다룬다. 비정형 데이터 분포를 머신러닝 모델에 적합하는 방법을 개략적으로 설명한다.

**4장**에서는 합성 데이터에 사용할 수 있는 데이터 효용성 프레임워크를 설명한다. 데이터 합성기 최적화, 데이터 합성 접근법, 합성 데이터의 결과 파악 등을 살펴본다.

**5장**에서는 기본 개념을 이용해 합성 데이터를 생성해본다. 몇 가지 기본적인 접근법으로 시작해서 뒤로 갈수록 복잡한 접근법으로 발전하며 초급 기술부터 고급 기술까지 다룬다.

**6장**에서는 먼저 데이터 합성이 보호하려는 노출 유형을 정의한다. 미국과 유럽연합의 주요 프라이버시 규정이 합성 데이터를 어떻게 다루는지 검토하며, 프라이버시 보장 분석을 시작할 방법을 제시한다.

**7장**에서는 합성 데이터셋과 합성 데이터 생성 기술을 전수해온 경험을 바탕으로 실제 데이터를 처리할 때 도움될 실용적인 고려사항을 제시한다. 도전적인 과업을 강조할 뿐만 아니라 과업을 해결할 방안도 제시한다.

## 감사의 말

이 책을 준비하면서 주제별로 진행한 전문가와의 인터뷰는 집필하는 데 많은 도움이 되었다. 힙성 데이터 시장과 기술에 대해 자신의 경험을 들려주고 함께 논의해준 페르난디 포에르티Fernanda Foertter, 짐 카르카니아스Jim Karkanias, 알렉세이 포즈노호프Alexei Pozdnoukhov, 레브 레바라디안Rev Lebaradian, 존 애슐리John Ashley, 롭 소거Rob Csonger, 심슨 가르핀켈Simson Garfinkel에게 감사드린다.

롭 소거의 팀에서는 자율 주행차에 관련한 콘텐츠를 제공했으며, 힌츠 법률 사무소의 마이크 힌츠Mike Hintze는 신원 공개를 논의하는 장에서 법적 분석을 준비했다. 마지막으로 초고를 검토한 재니스 브랜슨Janice Branson에게 감사드린다.

우리에게 도전적인 문제를 안겨주는 고객과 협력자들은 데이터 합성 방법과 실제 기술 구현하는 과정에서 혁신을 주도하는 열쇠가 되었다.

# CONTENTS

CHAPTER **1 합성 데이터 생성 소개**

# CONTENTS

# CONTENTS

# 합성 데이터 생성 소개

1장에서는 합성 데이터와 그 이점이 무엇인지 설명한다. 인공지능과 머신러닝<sup>artificial intelligence and</sup> <sup>machine learning</sup> (AIML) 프로젝트는 다양한 산업에서 사용되고 있으며, 광범위한 활용 사례 중 맛보기로 몇 가지를 발췌해 수록했다. 이 책에서 AIML 프로젝트는 AIML을 사용하는 응용 소프트웨어 개발을 포괄하는 넓은 의미로 정의한다.

## 1.1 합성 데이터 정의

개념적으로 보면, 합성 데이터는 실제 데이터가 아니라 실제 데이터에서 생성되어 실제 데이터와 통계 속성이 동일한 데이터를 말한다. 즉, 분석가는 합성 데이터셋으로 작업을 해도 실제 데이터에서 얻은 분석 결과와 유사한 분석 결과를 얻어야 한다. 가상 데이터셋이 실제 데이터를 얼마만큼 적절히 대체<sup>accurate proxy</sup>할 수 있는지는 '효용성 척도<sup>measure of utility</sup>'로 나타낸다. 그리고 이 책에서는 합성 데이터를 생성하는 프로세스를 '합성<sup>synthesis</sup>'이라고 부르겠다.

이런 맥락에서 보면, 데이터의 의미가 다를 수 있다. 예를 들어, 관계형 데이터베이스에서 볼 수 있는 구조화된 데이터<sup>structured data</sup>이거나 의사의 노트, 대화 내용, 이메일, 채팅 등의 온라인 상호작용과 같은 비정형 텍스트<sup>unstructured text</sup>일 수도 있다. 나아가 이미지, 영상, 오디오, 가상 환경은 합성할 수 있는 유형의 데이터다. 머신러닝을 활용하면 실세계에 존재하지 않는 사람의 모습을 사실적으로 그릴 수 있다(*https://oreil.ly/clu_p*).

합성 데이터는 세 가지 유형으로 나눈다. 첫째 유형은 실제 데이터셋으로 생성하며, 둘째 유형은 실제 데이터를 사용하지 않고 생성한다. 셋째 유형은 이 두 가지 유형을 합한 하이브리드다. 지금부터 하나씩 알아보자.

### 1.1.1 실제 데이터로 합성하기

합성 데이터의 첫째 유형은 실제 데이터셋으로 합성된다. 즉, 분석가가 실제 데이터셋 몇 개로 실제 데이터의 분포와 구조를 포착하는 모델을 구축한다. 여기서 말하는 구조란 데이터의 다변량 관계multivariate relationships와 상호작용을 의미한다. 모델이 구축되면 합성 데이터는 해당 모델에서 샘플링되거나 생성된다. 모델이 실제 데이터를 제대로 표현한다면, 합성 데이터는 실제 데이터와 통계적 특성이 유사할 것이다.

[그림 1–1]에 첫째 유형의 합성 프로세스를 간략하게 나타냈다. 먼저 데이터를 설명하는 생성 모델을 만든다. 이 모델에서 데이터에 있는 다변량 관계를 포착한다. 그다음 이 모델을 사용해 합성 데이터를 생성한다. 따라서 합성 데이터는 데이터에 적합한 모델에서 생성된다.

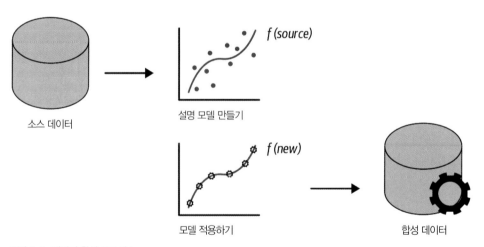

소스 데이터 · 설명 모델 만들기 · f (source)

모델 적용하기 · f (new) · 합성 데이터

**그림 1-1** 데이터 합성 프로세스

예를 들어, 고객 행동을 전문적으로 분석하는 데이터 과학 그룹은 모델을 구축하기 위해 대량의 데이터가 필요할 것이다. 그러나 프라이버시나 그 외 고려 사항으로 고객 데이터에 접근하는 프로세스가 느리고, 정보의 광범위한 마스킹과 수정으로 양질의 데이터를 충분히 얻지 못한다. 대신, 분석가에게는 모델 구축에 필요한 프로덕션 데이터셋의 합성 버전이 제공된다. 합성된 데이터는 사용에 따른 제약이 적고 작업이 더 빠르게 진행되는 이점이 있다.

### 1.1.2 실제 데이터 없이 합성하기

합성 데이터의 둘째 유형은 실제 데이터 없이 생성된다. 분석가의 기존 모델을 사용하거나 배경지식을 이용해 생성한다.

기존 모델은 프로세스의 통계적 모델(설문조사나 그 외 데이터 수집 메커니즘을 통해 개발된)이거나 시뮬레이션일 수 있다. 이때 시뮬레이션은 장면이나 사물의 시뮬레이션된(그리고 합성된) 이미지를 생성하는 게임 엔진일 수도 있고, 하루 중 서로 다른 시간에 상점을 지나가는 사람을 대상으로 특정한 특징(가령 연령, 성별 등)을 가진 쇼핑객 데이터를 생성하는 시뮬레이션 엔진일 수도 있다.

배경지식은 교과서에서 배운 것이거나 다양한 역사적 조건하에 주가 등락에 따른 금융시장 추세에 대한 것이거나 다년간의 경험을 바탕으로 상점을 드나드는 인적 교통량을 통계적으로 분석하여 얻은 분포에 대한 것일 수 있다. 이런 경우, 합성 데이터를 생성하기 위해 배경지식으로 모델과 샘플을 만들기는 비교적 쉽다. 분석가가 프로세스를 정확히 이해한다면, 합성 데이터는 실제 데이터와 동작하는 방식이 일치할 것이다. 물론 배경지식은 분석가가 진정으로 관심 현상을 이해해야만 효력을 발휘한다.

마지막 예로, 새로 도입된 공정이거나 분석가가 그 공정을 이해하지 못하거나 과거 데이터(실제)를 사용할 수 없는 경우, 분석가는 공정과 관련된 변수 간의 분포와 상관관계를 몇 가지 간단하게 가정할 수 있다. 예를 들어 분석가는 변수에 정규 분포와 '중간' 상관관계가 있다는 가정하에 데이터를 생성할 수 있다. 이 유형의 데이터는 실제 데이터와 속성이 동일하지 않을 확률이 높지만, R 데이터 분석 프로그램의 디버깅 또는 소프트웨어 애플리케이션의 일부 성능 테스트와 같은 용도로는 여전히 유용하다.

### 1.1.3 합성과 효용성

일부 사례에서는 효용성이 높은 것이 상당한 문제가 될 수 있다. 또 어떤 사례에서는 효용성이 중간이거나 심지어 낮아도 허용된다. 예를 들어 AIML 모델을 구축해서 고객 행동을 예측하고 이를 기반으로 마케팅 방향을 결정하려 한다면, 효용성이 높아야 한다. 반면에, 당신의 소프트웨어가 대량의 트랜잭션을 처리할 수 있는지 확인해야 한다면, 데이터 효용성의 기대치는 상당히 낮을 것이다. 따라서 합성 데이터를 생성하는 적절한 접근법을 찾으려면 데이터 효용성만이 아니라 데이터 자체와 모델, 시뮬레이터, 지식(데이터 배경) 등을 이해해야 한다.

합성 데이터 유형을 [표 1-1]에 요약했다.

표 1-1 다양한 합성 데이터 유형과 효용성

| 유형 | 효용성 |
| --- | --- |
| 실제 비공개 데이터셋에서 생성 | 상당히 높다. |
| 실제 공개 데이터에서 생성 | 공개 데이터는 비식별화되거나 집계되는 경향 때문에 제한이 있지만, 효용성은 높다. |
| 프로세스의 기존 모델에서 생성되며, 시뮬레이션 엔진으로도 표현 가능 | 기존 생성 모델의 정확도에 따라 다르다. |
| 분석가 지식에 기반 | 분석가가 도메인과 현상의 복잡성을 얼마나 이해하는가에 따라 달라진다. |
| 현상에 특정되지 않는 일반적인 가정으로 생성 | 낮다. |

지금까지 합성 데이터의 유형을 살펴보았다. 이제 합성 데이터의 전반적인 이점과 데이터 유형별 이점을 자세히 살펴보자.

## 1.2 합성 데이터의 이점

데이터를 합성하면 다음과 같은 중요한 이점이 있다. 데이터에 효율적으로 접근할 수 있고, 분석 결과가 좋아진다는 것이다. 이들 두 가지 이점을 차례로 살펴보자.

### 1.2.1 효율적인 데이터 접근

데이터 접근은 AIML 프로젝트에서 결정적으로 중요하다. 데이터는 모델을 훈련하고 검증하기 위해 필요하다. 더 나아가 다른 사람이 개발한 AIML 기술의 평가뿐만 아니라 AIML 모델을 사용하는 AIML 소프트웨어나 애플리케이션의 테스트에도 필요하다.

데이터는 일반적으로 개인의 동의하에 특정 용도로 수집된다. 예를 들어 웨비나 또는 임상 연구 참여 등이 있다. 만약 동일한 데이터를 다른 용도, 가령 어떤 유형의 사람이 웨비나에 가입하거나 임상 연구에 참여할지 예측하는 모델을 구축할 목적으로 사용한다면, 이는 이차 목적으로 간주된다.

분석과 같은 이차 목적으로 이루어지는 데이터 접근은 문제가 되고 있다. 정부회계감사원 Government Accountability Office[1]과 맥킨지 글로벌 연구소McKinsey Global Institute[2]는 AIML 모델 구축과 테스트를 목적으로 데이터에 접근하는 것이 데이터를 더 광범위하게 적용하기 위해 선결해야 할 과제라는 점에 주목한다. 딜로이트Deloitte의 분석 결과, AI 구현[3] 시 기업이 직면하는 3대 난제에 데이터 접근이 꼽힌 것으로 나타났다. 대중은 데이터(개인 정보)가 어떻게 사용되고 공유되는지 불안해하고, 개인 정보 보호법은 갈수록 더 엄격해지고 있다. 최근 오라일리O'Reilly에서 실시한 설문조사는 머신러닝 모델을 채택한 기업의 프라이버시 우려를 부각시켰는데, AIML 이력이 있는 기업의 절반 이상이 프라이버시 문제를 점검한 것으로 나타났다.[4]

미국의 의료보험 이전과 책임에 관한 법률Health Insurance Portability and Accountability Act(HIPAA)이나 유럽의 일반 데이터 보호 규정General Data Protection Regulation(GDPR)과 같은 현대의 개인 정보 보호 규정은 개인 데이터를 이차 목적으로 사용할 때 법적 근거를 요구한다. 이를테면 데이터를 사용하기 전에 개인의 추가 동의나 허가를 받는 것이다. 많은 경우에 이런 절차는 실용적이지 않으며 중요한 특성에 따라 동의자와 비동의자가 다르기 때문에 데이터에 편향이 생길 수 있다.[5]

분석가는 데이터 접근이 어려우므로 오픈 소스나 공공 데이터셋을 대안으로 사용하기도 한다. 이런 데이터는 좋은 출발점이 될 수 있지만 다양성이 부족하고 모델이 해결하려는 문제와 맞지 않는 경우가 많다. 또한 오픈 데이터는 모델의 강력한 훈련에 필요한 이질성heterogeneity이 매우

**1** US Government Accountability Office, "Artificial Intelligence: Emerging Opportunities, Challenges, and Implications for Policy and Research" (March 2018) *https://www.gao.gov/products/GAO-18-644T*.

**2** McKinsey Global Institute, "Artificial intelligence: The next digital frontier?", June 2017. *https://oreil.ly/pFMkl*.

**3** Deloitte Insights, "State of AI in the Enterprise, 2nd Edition" 2018. *https://oreil.ly/EiD6T*.

**4** Ben Lorica and Paco Nathan, The State of Machine Learning Adoption in the Enterprise (Sebastopol: O'Reilly, 2018).

**5** Khaled El Emam et al., "A Review of Evidence on Consent Bias in Research," The American Journal of Bioethics 13, no. 4 (2013): 42–44.

낮은 편이다.[6]

예를 들어, 오픈 데이터는 실제 환경에서 드물게 발생하는 사례를 충분히 포착하지 못한다. 데이터 합성은 분석가에게 효율적이고, 규모에 맞게, 작업 가능한 현실적인 데이터를 제공한다. 또한 합성 데이터는 식별 가능한 개인 데이터로 간주되지 않는다. 따라서 개인 정보 보호 규정이 적용되지 않으며, 데이터를 이차 목적으로 사용하기 위한 추가 동의가 필요 없다.[7]

## 1.2.2 향상된 데이터 분석

실제 데이터가 존재하지 않을 때 데이터를 합성한다. 예를 들면 분석가가 완전히 새로운 데이터를 모델링하거나 처음부터 실제 데이터셋을 생성, 수집하는 비용이 제한되거나 비현실적으로 큰 경우다. 또한 합성 데이터는 실세계에서 수집하기 어렵거나 비실용적이거나 비윤리적인 경우에도 사용할 수 있다.

때로는 실제 데이터가 있지만 라벨이 붙어있지 않다. 지도 학습 태스크supervised learning tasks에서 사용하는 다량의 예제에 라벨을 붙이려면 시간이 많이 소요되며, 수동으로 라벨링 작업을 하면 오류가 생기기 쉽다. 다시 말해, 모델 개발을 가속화하기 위해 라벨이 있는 합성 데이터를 생성할 수 있다. 합성 프로세스는 라벨링의 높은 정확도를 보장한다.

분석가는 합성 데이터 모델로 가정을 검증하고, 모델에서 얻는 결과의 종류를 시연할 수 있다. 동일한 방법으로, 합성 데이터를 탐색적 방법으로 사용할 수 있다. 분석가는 합성 데이터가 흥미롭고 유용한 결과를 낸다는 것을 알면, 모델의 최종 버전을 구축하기 위해 실제 데이터(원시raw 또는 비식별de-identified)를 얻는 더 복잡한 프로세스를 거칠 수 있다.

예를 들어, 분석가가 연구자라면 그는 합성 데이터에 탐색적 모델을 사용해서 실제 데이터 접근에 필요한 자금을 신청하는데, 이 과정에서 전체 프로토콜과 여러 단계의 승인이 필요하다. 이러한 경우, 좋은 모델이나 실행 가능한 결과를 생성하지 못하는 합성 데이터를 사용하는 노력은 잠재적으로 무익한 분석을 위해 (잘못된 결과를 바탕으로 설정된 편향된 방향으로) 실제 데이터에 접근하는 대신 연구자가 다른 것을 시도하도록 방향을 재설정해주기 때문에 여전히 유익하다.

---

**6** 옮긴이_ 학습 데이터의 라벨링에 일관성이 없다는 의미다. 즉, 유사한 데이터에 라벨링이 서로 다를 수 있다. 일종의 라벨 노이즈다.

**7** 이때 필요한 거버넌스 메커니즘은 이 책의 후반부에서 다룰 것이다.

또한 합성 데이터는 실제 데이터에 접근하기 전에 합성 데이터를 사용해서 초기 모델을 훈련할 수 있다는 점에서 사용 가치가 있다. 이후 분석가가 실제 데이터로 모델을 훈련함으로써 합성 데이터는 모델 훈련의 출발점이 되는 셈이다. 이로써 실제 데이터 모델의 정합화$^{convergence}$를 크게 촉진하며(결국 컴퓨팅 시간의 대폭 단축) 잠재적으로 더 정확한 모델을 도출할 수 있다.

다음에는 합성 데이터를 전이학습에 활용한 사례를 살펴본다. 합성 데이터는 불가능한 프로젝트를 실행 가능하게 만들거나, AIML 계획을 크게 가속화하거나, AIML 프로젝트의 결과를 실질적으로 개선할 수 있다는 점에서 획기적이다.

### 1.2.3 대리로서의 합성 데이터

합성 데이터의 효용성이 높다면, 분석가는 실제 데이터로 얻을 수 있는 결과와 유사한 결과를 얻게 된다. 이 경우 합성 데이터가 실제 데이터의 대리 역할을 한다. 이와 비슷한 사례가 점차 늘고 있으며 합성 방법이 개선됨에 따라 합성 데이터를 이용한 대리 결과는 더 보편화될 것이다.

앞서 합성 데이터가 일련의 실제적인 문제를 해결하는 데 주요한 역할을 할 수 있음을 살펴보았다. 그러나 데이터 합성 방법을 채택할 때 고려해야 할 중요한 요소 하나는 생성된 데이터에 대한 신뢰다. 데이터 합성 방법을 광범위하게 채택할 경우 데이터 효용성이 높아야 한다는 인식이 일반적인데[8] 바로 이것이 다음에 이야기할 주제다.

### 1.2.4 합성 데이터 신뢰성 확보를 위한 학습

합성 데이터는 1990년대 초에 합성 데이터를 생성하기 위해 여러 대치 방법$^{imputation\ method}$을 사용하자는 제안에서 주목을 받기 시작했다. 일반적으로 대치는 결측값을 현실적인 데이터로 교체하는 것으로, 결측 데이터를 처리하는 방법이다. 예를 들어 결측 데이터는 설문에서 일부 응답자가 주어진 질문에 답을 완료하지 않을 때 생긴다.

정확하게 대치된 데이터는 분석가에게 사용 가능한 데이터만을 이용해서 관심 현상에 관한 모

---

**8** Jerome P. Reiter, "New Approaches to Data Dissemination: A Glimpse into the Future (?)," CHANCE 17, no. 3 (June 2004): 11–15.

델을 구축하고, 이후 그 모델을 이용하여 대치된 값이 무엇인지를 예측하도록 요구한다. 분석가는 유효한 모델을 구축하기 위해 데이터가 최종적으로 어떻게 사용될지 알아야 한다.

다중 대치multiple imputation 기법을 이용하면 예측된 값들의 불확실성을 파악하기 위한 다중 대치 값들을 만들 수 있다. 이를 통해서 여러 개의 대치된 데이터셋이 생성된다. 대치된 데이터셋의 개별적 분석을 취합하여 최종 데이터셋(신뢰성 높은 합성 데이터셋)을 얻을 수 있는 구체적인 기법이 있다. 데이터가 어떻게 사용될지 그 용도를 사전에 안다면, 이 프로세스는 상당히 잘 작동한다.

데이터 합성에 대치를 사용하는 맥락에서, 실제 데이터는 동일한 유형의 대치 기법을 사용하는 합성 데이터로 보강된다. 이 경우, 실제 데이터는 새로운 데이터를 합성하는 데 사용되는 대치 모델을 구축하는 데 사용된다.

여기서 문제는 당신의 대치 모델이 합성 데이터로 구축될 최종 모델과 다를 경우 대치된 값이 실제 값을 그다지 잘 반영하지 못하며 이로 인해 데이터에 오류가 생길 수 있다는 점이다. 이렇듯 잘못된 모델을 구축할 위험 때문에 합성 데이터를 적용할 때는 지속적인 주의가 필요했다.

최근에는 통계 머신러닝 모델이 데이터 합성에 이용되고 있다. 이 모델은 변수 간의 분포와 복잡한 관계를 포착할 수 있다. 실제로 분석가가 모델을 미리 지정하도록 요구하는 것이 아니라 데이터에서 기본 모델을 빌건한다. 그리고 딥러닝 데이터 합성 모델은 데이터에서 많은 신호, 심지어 미세한 신호까지 포착하기 때문에 상당히 정확하다.

따라서 오늘날 이용 가능한 생성 모델은 머지않아 실제 데이터를 대체할 만한 상당히 좋은 데이터셋을 생산하게 될 것이다. 한편, 오늘날 우리에겐 합성 데이터의 효용성을 객관적으로 평가할 방법들이 있다.

예를 들어 합성 데이터의 분석 결과와 실세 데이터의 분석 결과를 비교하는 것이나. 합성 데이터에 어떤 분석이 수행될지 모르는 경우, 해당 데이터의 알려진 사용 방법에 기초해 다양한 분석을 시도할 수 있다. 또는 '모든 모델'을 평가할 수 있는데, 이 평가에서는 가능한 모든 모델을 실제 데이터셋과 합성 데이터셋으로 구축해 비교한다.

합성 데이터는 더 견고한 AIML 모델을 만들고 훈련 데이터셋의 이질성을 높이는 데 사용된다. 예를 들어 데이터가 없거나 수집하기 어려운 극단적 사례edge cases를 합성해서 훈련 데이터셋에 포함시킬 수 있다. 이 경우, 합성 데이터의 효용성은 AIML 모델에 대한 견고성 증분robustness increment으로 측정한다.

미국 인구조사국The US Census Bureau은 (집필할 당시) 가장 많이 사용되고 있는 공공 데이터셋의 하나인 2020-10년 단위 인구조사 데이터the 2020 decennial census data를 공개할 때 합성 데이터를 활용하기로 했다. 표 형식의 데이터를 공개할 경우, 수집된 개별 수준 인구조사 데이터로 합성 데이터셋을 생성한 다음, 해당 합성 데이터셋으로 공개 데이터셋을 만든다. 그리고 합성 프로세스에서는 형식적인 방법과 비형식적인 방법을 섞어 사용한다.[9]

논쟁의 여지가 있지만, 이 사실은 오늘날 이용 가능한 데이터셋 중에서 가장 중요하고 빈번하게 사용되는 데이터셋에 데이터 합성이 대규모로 적용됐음을 보여준다.

데이터 합성은 이 장의 뒷부분에서 설명하듯이, 인구조사만이 아니라 많은 산업 분야에 두루 사용되고 있다.

# 1.3 합성 데이터의 활용 사례

합성 데이터 생성을 가능하게 하는 기술적 개념은 수십 년 전부터 논의됐지만, 그 실용성이 드러난 것은 최근이다. 그 이유는 이 유형의 데이터가 이전에는 해결하기가 상당히 어려웠던 몇 가지 문제를 해결하거나, 비용 면에서 더 효율적인 방법으로 문제를 해결하기 때문이다. 모든 문제는 데이터 접근과 관련된 것으로, 때로는 실제 데이터에 접근하는 것 자체가 어려웠다.

이 절에서는 합성 데이터를 다양한 산업에 적용한 사례를 살펴본다. 이 사례는 완벽하게 모든 것을 망라한 것이 아니라 설명을 하기 위해 제시한 것이다. 게다가 여러 산업 분야에 동일한 문제가 있을 수 있으므로(가령 소프트웨어를 테스트하기 위해 현실적인 데이터를 얻는 것은 데이터 합성으로 해결할 수 있는 공통 문제다), 문제 해결법으로서 합성 데이터 적용은 여러 산업 분야와 두루 관련될 것이다. 이 절에서는 소프트웨어 테스트를 논의하므로 이 절의 소제목에서 다루는 내용은 서로 연관된다.

먼저 살펴볼 산업은 제조manufacturing와 유통distribution이다. 그리고 나서 헬스케어healthcare, 금융 서비스financial services, 교통수단transportation을 살펴본다. 산업별 사례는 실제 개인 데이터와 집계 데이

---

**9** Aref N. Dajani et al., "The Modernization of Statistical Disclosure Limitation at the U.S. Census Bureau" (paper presented at the Census Scientific Advisory Committee meeting, Suitland, MD, March 2017).

터에서 구조화된 데이터를 생성하는 것부터 시뮬레이션 엔진을 사용해 대량의 합성 데이터를 생성하는 것에 이르기까지 앞서 논의한 합성 데이터의 유형을 포괄한다.

### 1.3.1 제조와 유통

센서 기술의 발전과 맞물려 산업용 로봇에 AIML을 사용하는 기술은 공장 자동화를 종래보다 더 복잡하고 다양하게 변모시키고 있다.[10] '아마존 피킹 챌린지Amazon Picking Challenge'에서처럼, 창고와 공장에서 이들 시스템은 선반과 컨베이어 벨트에서 물건을 들어올리고, 검사하며, 조작하고, 옮기는 성능을 크게 향상시키고 있다.

그러나 생산 라인이나 창고에서 복잡한 작업을 수행할 로봇을 훈련하려면 예상 시나리오를 망라하는 현실적인 훈련 데이터만이 아니라, 실제로는 볼 수 없지만 그럴듯하면서 흔치 않은 훈련 데이터도 확보해야 하는 어려움이 따른다. 예를 들어 다양한 위치에서 물체를 인식하려면 조명, 질감 등 다양하게 조합되는 상황을 포착하는 훈련 데이터가 필요하다. 이렇듯 훈련 데이터셋을 생성하는 일은 '보통' 일이 아니다.

대규모 데이터셋이 요구되는 복잡한 작업을 수행하도록 로봇을 훈련하는 데 데이터 합성을 어떻게 사용할 수 있는지 생각해보자. NVIDIA에서 일하는 엔지니어는 딥러닝 모델을 사용해 도미노 게임을 수행하는 로봇을 훈련시키려고 했다(그림 1-2). 이 훈련에는 로봇에게 실제 발생할 수 있는 다양한 상황을 담은 영상이 많이 필요했다. 하지만 훈련 데이터셋은 존재하지 않았으며, 이미지를 일일이 수동으로 생성하려면 비용과 시간이 많이 소요됐을 것이다.

---

[10] Jonathan Tilley, "Automation, Robotics, and the Factory of the Future," McKinsey, September 2017. *https://oreil.ly/L270l*.

**그림 1-2** 도미노 게임을 수행하는 로봇(*https://bit.ly/2YXFbwE*)

NVIDIA팀은 게임 플랫폼에서 그래픽 렌더링 엔진을 사용해 다양한 위치와 질감, 조명 조건을 조합했고 여러 개의 도미노 이미지를 만들었다(그림 1-3).[11] 실제로 도미노를 손수 설정하고 모델을 훈련시키기 위해 사진을 찍은 사람은 없었으며, 훈련을 위해 생성된 이미지는 모두 엔진으로 시뮬레이션했다.

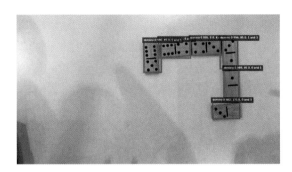

**그림 1-3** 합성한 도미노 이미지

이미지 데이터가 없어서 수동으로 충분한 양의 데이터셋을 만들려면 많은 사람이 오랜 시간에 걸쳐 작업해야 했으나, 이는 비용을 고려했을 때 비효율적이었다. 그 대신 팀은 시뮬레이션 엔

---

**11** Rev Lebaredian, "Synthetic Data Will Drive Next Wave of Business Applications" (lecture, GTC Silicon Valley, 2019). *https://bit.ly/2yUefyl*.

진을 사용해 로봇을 훈련시킬 수많은 이미지를 만들어냈다. 이 사례는 다양한 환경에서 로봇이 물체를 인식하고, 집어올리고, 조작하도록 훈련시키는 데 합성 데이터를 어떻게 사용할 수 있는지 잘 보여주며, 이 과정은 산업용 로봇의 모델 구축에서도 필요하다.

## 1.3.2 헬스케어

보건 산업에서 AIML 모델을 구축하는 데 필요한 데이터는 개인 정보 보호 규정과 비용 면에서 수집하기가 어렵다. 보건 데이터는 많은 데이터 보호 제도에서 민감하게 다루어지며, 분석용 보건 데이터의 사용과 공개는 여러 조건을 충족해야 한다. 이 조건을 만족하는 데는 적지 않은 비용이 들 수 있다(가령 환자에게 의료 데이터에 접근할 수 있는 권한을 부여받아야 하고, 개인 의료 데이터를 보관, 처리하기 위해서는 강력한 보안장치를 갖춰야 하며, 직원을 교육하는 일 등).[12] 특정 연구나 분석을 하기 위해 보건 데이터 수집에 들어가는 비용 역시 만만치 않다. 예를 들어 임상시험에서 여러 현장의 데이터를 수집하는 데는 비용이 많이 든다.

이번에는 합성 데이터가 보건 산업이 당면한 데이터 접근 과제를 어떻게 해결하는지 살펴보자.

### 암 연구를 위한 데이터

이차 분석에 보건 데이터를 더 폭넓게 사용하도록 정부와 제약 업계에 촉구하는 시대의 강력한 요청이 있는데, 이는 데이터 접근 문제를 해결하고 혁신적인 연구를 장려해서 질병을 이해하고 치료법을 찾도록 하기 위함이다. 게다가 규제 당국은 기업이 보건 데이터를 광범위하게 이용하게 해달라고 요구해왔다. 유럽의약품기구가 좋은 예인데, 이 기관은 제약 회사가 의약품 승인 결정을 위해 제출한 정보를 공개할 것을 요구해왔다.[13] 최근에는 캐나다 보건부 역시 그렇게 요구했나.[14]

또한 의학 저널은 다른 연구자가 논문에 재사용할 수 있도록 자기 데이터를 공개할 것을 적극

---

[12] Mike Hintze and Khaled El Emam, "Comparing the Benefits of Pseudonymisation and Anonymisation under the GDPR," Journal of Data Protection and Privacy 2, no. 1 (December 2018): 145–58.

[13] European Medicines Agency, "External Guidance on the Implementation of the European Medicines Agency Policy on the Publication of Clinical Data for Medicinal Products for Human Use," September 2017. *https://oreil.ly/uVOna*.

[14] Health Canada, "Guidance Document on Public Release of Clinical Information," April 1, 2019. *https://bit.ly/33JzHnY*.

적으로 권장하고 있다. 이렇게 공개되면 동일한 데이터가 혁신적으로 분석될 가능성이 커진다 (*https://bit.ly/2KHfHfz*).

일반적으로 해당 데이터에 개인 정보가 담긴 경우, 공개하기 전에 식별 정보를 해제하거나 비개인화해야 한다(사전에 환자의 동의를 얻지 않은 정보는 제외한다). 그러나 실제로 데이터를 공개하기 위해 복잡한 데이터의 식별을 해제하기는 어렵다.[15] 데이터의 식별을 해제하기 어려운 이유를 알아보자.

- 공공 데이터는 거의 통제되지 않는다(가령 데이터 사용자는 이용 약관에 동의할 필요가 없고 신분을 밝힐 필요도 없으므로 안전하게 취급하는지 확인하기가 어렵다). 따라서 재식별 위험이 낮음을 보장하는 데이터 변환 수준이 광범위하며, 이는 곧 데이터 효용성이 크게 저하됨을 의미한다.
- 공공 데이터를 겨냥한 재식별 공격은 언론과 규제 당국의 주목을 받으며, 따라서 공격자의 공격 방법이 더욱 정교해진다. 결과적으로 비식별 방법은 보수적 측면에서 오류를 범할 수 있으며, 이는 곧 데이터 효용성을 약화한다.
- 데이터에 많은 정보를 변환해 재식별 위험을 관리해야 하므로 공유해야 하는 데이터셋의 복잡성이 데이터 효용성 문제를 더욱 증폭한다.

합성 데이터는 복잡한 오픈 데이터를 양산한다. 여기서 복잡성은 데이터에 많은 변수와 표가 있으며, 개인당 트랜잭션이 많음을 의미한다. 예를 들어 종양학 전자 의료 기록 데이터는 복잡하다고 간주될 것이다. 이 데이터에는 환자, 방문, 치료, 처방, 투여 약물, 실험실 테스트 등 다양한 정보가 담기기 때문이다.

합성은 프라이버시 문제를 해결하고 기존 대안보다 효용성이 더 높은 데이터를 제공할 수 있다. 좋은 예는 영국 공중보건국Public Health England(*https://bit.ly/2P5VAL0*)이 공개적으로 이용할 수 있게 만든 합성 암 등록 데이터the synthetic cancer registry data다. 합성 암 데이터셋은 누구나 다운로드할 수 있으며 가설을 생성, 테스트하고 향후 암 연구를 위해 비용 효율적이고 신속한 타당성 평가에 사용할 수도 있다.

연구 방면을 넘어 의학계에서도 디지털 혁명이 (느리게나마) 일어나고 있다.[16] 예를 들어 제공자와 지급자가 공존하는 대량의 보건 데이터에는 더 강력한 AIML 기법으로 알아낼 수 있는 많

---

**15** Khaled El Emam, "A De-identification Protocol for Open Data," IAPP Privacy Tech, May 16, 2016. *https://bit.ly/33AetZq*.

**16** Neal Batra, Steve Davis, and David Betts, "The Future of Health," Deloitte Insights, April 30, 2019. *https://oreil.ly/4v_nY*.

은 통찰insight이 담겨있다. 새로운 디지털 의료기기는 환자의 건강 및 행동과 관련된 더 많은 연속적인 데이터를 추가하고 있다. 환자가 보고한 결과 데이터는 기능, 삶의 질, 고통을 평가한다. 그리고 물론 게놈 데이터와 오테로믹 데이터otheromic data는 개인에게 맞춤화된 의학의 핵심이다. 이 모든 데이터를 종합해서 진료소나 가정에서 내리는 의사결정과 치료에 사용할 필요가 있다. AIML의 혁신이야말로 AIML을 촉진하는 길이 될 것이다.

다음에는 디지털 보건 및 보건 기술 기업이 어떻게 합성 데이터를 사용해 혁신 생태계를 활용할 수 있는지 살펴본다. 그리고 많은 전통적인 제약 회사와 (의료)장비 회사들이 디지털 의료 회사로 변화하고 있음에 주목하자.

## 혁신적인 디지털 의료 기술 평가

의료 기술 회사는 외부에서 가져온 데이터 중심 혁신을 끊임없이 모색하고 있다. 이런 혁신은 스타트업 기업이나 학술 기관에서 시작될 수 있다. 대표적인 예로 데이터 분석(통계학적 머신러닝 또는 딥러닝 모델과 툴), 데이터 랭글링data wrangling(데이터 표준화 및 조화 도구, 데이터 클렌징 도구 등)[17], 데이터 유형 탐지 도구(조직 내에 서로 다른 유형의 데이터가 있는 지점을 알아내는 도구) 등이 있다.

신기술을 채택할 때는 자원이 필요하고 기회비용도 고려해야 하므로 다소 신중하게 결정해야 한다. 이들 기업은 실제로 어떤 기술 혁신이 작동하는지, 더 중요하게는 어떤 기술 혁신이 그들의 데이터로 작동하는지를 판단하기 위해서 효율적인 방법으로 기술 혁신을 평가할 메커니즘이 필요하다. 가장 좋은 방법은 혁신가에게 데이터를 일부 제공하고 결과를 도출하게 하는 것이다.

혁신가는 일부 대기업에 상당한 속도로 접근한다. 때로는 조직의 여러 부분에 동시에 접근한다. 그 방식은 설득력이 있고, 그들의 사업에 가져올 잠재적 이익은 막대할 수 있다. 대기업들은 자사에 혁신을 도입하기를 원한다. 그러나 경험에 따르면, 몇몇 스타트업 기업은 완성도 높은 제품보다는 아이디어에 열을 올리고, 학계에서는 회사들과 달리 작은 문제나 상황에서만 효과가 있었던 해결책을 설명하고 있다. 각각 가진 문제와 데이터에 대해 이런 혁신을 테스트할

---

**17** 옮긴이_ 데이터 랭글링 혹은 데이터 먼징(data munging)은 원시 데이터(raw data)를 또 다른 형태로 수작업으로 전환하거나 매핑하는 과정을 일컫는다. 이를 통해 반자동화 도구의 도움으로 데이터를 좀 더 편리하게 소비하게 된다. 데이터 랭글링에는 먼징, 데이터 시각화, 데이터셋, 통계 모델 학습뿐만 아니라 그 외 잠재적 용도도 포함된다. *https://ko.wikipedia.org/wiki/데이터_랭글링*

필요가 있다.

제약 업계에서는 관련 데이터의 상당 부분이 환자나 의료 사업자와 관련되기 때문에 외부 당사자에게 데이터를 제공하는 과정이 복잡할 수 있다. 데이터 공유에 필요한 프로세스에는 대개 광범위한 계약과 데이터 수신자의 보안 관행의 감사가 포함된다. 이 두 가지 작업만으로도 상당한 시간과 투자가 소요될 수 있다.

제약 회사는 복잡성이나 내부 정책상 데이터를 외부와 공유할 수 없기 때문에 혁신가에게 회사 환경에 소프트웨어를 설치해줄 것을 요청한다(가령 '신속한 기술 평가' 참조). 이제 회사는 소프트웨어를 감시하고 호환성 문제를 해결하며 통합 지점을 파악해야 하기 때문에 상당한 복잡성과 지연이 야기된다. 그러면 기술 평가가 상당히 비싸지고 많은 내부 자원을 소비하게 된다. 더욱이 이는 회사가 매년 테스트하기를 원하는 수백 개의 혁신에 확장될 수 없다.

기업은 프로세스 효율을 높여서 프로세스가 혁신을 이끌 수 있도록 두 가지 일을 하기 시작했다. 첫째, 기업은 환자 또는 제공자 데이터를 대표하는 표준 데이터셋을 보유하고 있다. 예를 들어, 제약 회사는 다양한 치료 영역에 일련의 합성 임상시험 데이터셋을 가지고 있을 것이다. 이러한 데이터셋은 파일럿 또는 빠른 개념 증명 프로젝트를 위해 혁신가들과 쉽게 공유할 수 있다.

---

### 신속한 기술 평가

보스턴에 위치한 케임브리지 시맨틱스 사Cambridge Semantics(CS)는 그래프 데이터베이스와 그 위에서 동작하는 다양한 분석 도구를 개발하고 있다. 분석 도구가 수집한 임상시험 데이터를 어떻게 분석하는지를 시연하기 위해서 의료 영역에 있는 대규모의 잠재 고객large prospect을 대상으로 하는 실험pilot을 계획했다. 이 실험을 진행하기 위해서는 잠재 고객에게 데이터를 얻어야 했다. 이를 통해 CS는 자사의 분석 도구가 잠재 고객과 관련된 실제 데이터에서 작동함을 증명할 수 있다. 즉, 자사의 도구를 이용해 소비자의 데이터상에서 우아한 방식으로 문제를 해결하는 것을 보는 것보다 더 좋은 일은 없다.

첫 번째 어려움은 잠재 고객에게 데이터를 얻기 위해서 CS가 개인 건강 정보를 취급하는 데 적절한 보안과 개인 정보 보호 관행을 갖췄는지 확인하기 위해 감사를 거쳐야 한다는 것이었다. 그러자면 이 프로세스를 완료하는 데 3~4개월은 걸렸을 것이다.

대안은 CS가 잠재 고객의 프라이빗 클라우드에 소프트웨어를 설치한 다음 클라우드상에서 실제 데이터를 사용하는 것이었다. 그러나 규제되는 컴퓨팅 환경에 새로운 소프트웨어를 도입하는 일은 매우 복잡하다. 더욱이 CS 직원에게 내부 컴퓨팅 환경에 접근할 권한을 부여하려면 추가적인 점검과 프로세스가 필요하며, 이 역시 3~4개월이 걸렸을 것이다.

팀은 여러 개의 합성 데이터셋을 만들고 CS에 전달해서 특정 문제를 어떻게 해결할 수 있는지 증명하는 합성 데이터 솔루션에 착수했다. 파일럿 솔루션이 며칠 만에 완성됐다.

기업이 수행한 둘째 프로세스는 대회competition다. 기본적인 아이디어는 해결해야 할 문제를 정의한 다음, 그 문제를 해결하기 위해 다수의 혁신가를 초대하고 그들의 해결책을 증명하기 위해 합성 데이터를 이용하는 것이다. 이 대회는 공개될 수도 있고 공개되지 않을 수도 있다. 공개 대회에는 공공 해커톤이나 데이터톤을 조직하는 등 스타트업 기업, 개인, 기관이 참여할 수 있다. 비공개(폐쇄형) 대회는 특정 혁신가들을 초대해 진행한다.

공공 해커톤이나 데이터톤에 초대된 참가자들은 주어진 문제를 해결하고, 우승한 개인이나 팀에게는 상을 수여한다. 공공 이벤트와 앞에서 기술한 대회의 주요한 차이는 혁신가들이 미리 선정되지 않고 오히려 참여가 더 개방적인 경향이 있다는 점이다. 이런 대회에서 다양성이란 참신한 아이디어가 비교적 짧은 기간 내에 많이 생성되고 평가됨을 의미한다. 합성 데이터는 참가자가 최소한의 제약 조건으로 접근할 수 있는 데이터셋을 제공함으로써 이 상황에서 핵심 조력자가 될 수 있다.

공개 대회의 좋은 예는 헤리티지 헬스 프라이즈Heritage Health Prize(HHP)다(*https://www.kaggle.com/c/hhp*). HHP는 상금 규모와 참가자들이 사용할 수 있도록 만든 데이터셋 크기로 관심을 끌었다. 2011년부터 2013년까지 열린 대회에서는 합성 데이터의 가용성이 제한돼 비식별화된 데이터셋을 제공했다.[18] 앞서 지적한 오픈 데이터셋의 비식별화 문제 때문에 보건 관련 대회가 취소되는 경우가 더 많았다. 그러나 현 시점에서는 이런 제한을 계속 유지할 이유가 없다. '합성 데이터에 의해 활성화된 데이터톤'에 설명한 대로 이제는 그런 대회를 가능하게 하기 위해 합성 데이터를 사용하고 있다.

------

**18** Khaled El Emam et al., "De-identification Methods for Open Health Data: The Case of the Heritage Health Prize Claims Dataset," Journal of Medical Internet Research 14, no. 1 (February 2012): e33. *https://www.jmir.org/2012/1/e33*.

실제로 작업할 현실적인 데이터셋이 주어지면 합성 데이터로 좋은 평가를 얻은 방법들 중 극히 일부만이 성공한다. 평가나 경쟁으로 성공을 거두는 혁신가는 실제 데이터에 접근하고, 더 자세히 시연할 프로세스를 검토하기 위해 초대받거나, 회사가 그 시점에서 기술 혁신을 허가하기로 결정할 수도 있다. 그러나 적어도 기술 평가 또는 채택에 많은 비용이 드는 투자는 효과가 있는 혁신을 가지고 있다고 알려진 대상에게만 진행된다.

---

### 합성 데이터에 의해 활성화된 데이터톤

비블리-마이크로소프트 데이터 챌린지Vivli-Microsoft Data Challenge($https://bit.ly/2Z5QlhZ$)가 2019년 6월 보스턴에서 열렸다. 이 대회는 환자의 프라이버시를 보호하면서 데이터의 분석적 가치를 지닌 방식으로 희귀 질환 데이터셋의 공유를 촉진하는 혁신적인 방법을 제안했다. 희귀 질환 데이터셋은 비교적 적은 수의 환자로 구성되고 데이터셋의 일부 속성만 사용해도 식별할 수 있는 경우가 많았기에 환자의 프라이버시를 유지하면서 데이터를 공유하기가 매우 어려웠다.

이번 행사에는 대학, 병원, 제약, 생명공학, 소프트웨어 기업 등 11개 팀 60여 명이 참가했다. 각 팀은 해결책을 계획하고 제안하는 데 5시간이 걸렸고, 그다음 5분 동안 심사위원들에게 해결책을 발표했다. 이 솔루션은 희귀 질환 데이터셋에 사용하도록 맞춤화된 흥미로운 방법으로 새로운 기술과 종래의 기술을 결합했다. 놀랄 것도 없이, 우승팀은 합성 데이터를 사용해 구축한 솔루션을 제안했다.

값비싼 보안 컴퓨팅 환경이나 그 외 제어 메커니즘을 사용할 필요가 없도록 모든 참가자가 현실적인 임상시험 데이터로 발생할 수 있는 문제를 감수하기로 했기 때문에 합성 데이터는 이 이벤트의 성공에서 매우 중요했다. 합성 데이터가 참가자들에게 그들의 해결책이 수용할 수 있어야 하는 예시 데이터를 제공함으로써 현실에 근접한 대회가 됐다. 솔루션의 데모를 구축한 그룹도 개념 증명으로서 합성 데이터에 자신의 방법을 적용할 수 있었다.

이와 같은 데이터 과제는 참가자에게 얼마나 양질의 데이터를 제공하느냐에 좌우되며, 이를 위한 실질적인 수단이 바로 합성 데이터인 것이다.

---

합성 데이터를 많이 사용하는 또 다른 분야는 금융 서비스 산업이다. 그 이유는 금융 산업이 사기 탐지fraud detection, 클레임 처리, 소비자 마케팅과 같은 AIML 기술과 데이터 중심 의사결정의 초기 사용자였기 때문이다. 다음 절에서는 이 분야에서 합성 데이터가 적용된 특정 사례를 검

토한다.

### 1.3.3 금융 서비스

금융 서비스 산업에서 대량의 과거 시장 데이터historical market data에 접근하는 비용이 클 수 있다. 예를 들어 이 유형의 데이터는 거래 결정trading decision을 돕는 모델의 구축과 그 소프트웨어의 테스트를 위해 필요하다. 또한 내/외부 데이터 분석가들과 개인 금융 정보를 공유해야 하기 때문에 소매 금융 서비스를 마케팅하는 맥락에서 모델 구축에 소비자 금융 거래 데이터를 사용하기는 대량의 데이터 처리 시스템 구축과 비식별화 문제 등으로 쉽지 않다.

다음의 사용 사례는 금융 서비스 산업이 맞닥뜨린 과제를 해결하는 데 합성 데이터가 어떻게 사용돼왔는지 보여준다.

### 합성 데이터 벤치마크

금융 서비스 기업이 대량의 데이터를 처리할 소프트웨어와 하드웨어를 선택할 때는 시장에서 공급업체와 솔루션을 평가할 필요가 있다. 이를 위해 각 기업이 혁신적 공급업체와 학계의 기술을 하나하나 평가하는 대신 표준화된 데이터 벤치마크를 만드는 것이 일반적이다.

데이터 벤치마크는 데이터셋과 해당 데이터셋에서 수행되는 테스트 집합으로 구성된다. 그다음 공급업체와 학자들은 소프트웨어와 하드웨어로 이 데이터를 입력 자료로 사용해 출력을 생성하고, 이 데이터를 모두 일관된 방식으로 비교할 수 있다. 벤치마크를 만드는 것은 시장이 충분히 크고 관련 협회에서 대표적인 벤치마크를 합의할 수 있는 상황에서 가장 적절할 것이다.

여러 공급업체와 학자들이 동일한 문제의 해결책을 제공하는 경쟁 시나리오에서 벤치마크는 그 누구도 쉽게 시스템을 조작할 수 없게 구축돼야 한다. 표준 입력 데이터셋을 사용하면 분석에 필요한 계산 없이도 정확한 출력을 생성하도록 솔루션을 훈련하거나 구성할 수 있다.

합성 데이터 벤치마크는 동일한 기본 모델에서 생성되지만, 각 공급업체 또는 학계는 해당 모델로부터 생성된 고유하고 구체적인 합성 데이터셋을 받는다.[19] 그러한 방식으로 벤치마크를

---

**19** 옮긴이_ 즉, 동일한 모델을 사용하지만, 모델을 실행할 때마다 그 결과는 달라지기 때문에, 합성 데이터셋을 요청한 공급업체 또는 학계는 요청마다 다른 데이터셋을 받게 된다.

운영하는 각 기업은 그 벤치마크에서 좋은 점수를 얻기 위해 서로 다른 결과를 생성할 필요가 있을 것이다.

예를 들면 금융시장 위험을 모델링하는 데 사용되는 소프트웨어와 하드웨어를 평가하기 위한 STAC-A2 벤치마크(*https://www.stacresearch.com/a2*)가 있다. 이 벤치마크는 몬테카를로 시뮬레이션을 사용해서 여러 자산에 대한 옵션 가격 민감도를 계산하는 동안 평가되는 산출물의 여러 가지 품질을 측정한다. 데이터를 사용해 일련의 성능/스케일링 테스트를 수행하기도 한다.

금융 서비스 회사가 기술 공급업체를 선정할 때는 비교 가능한 데이터로 실행된 일관된 벤치마크 결과를 사용해서 시장에서의 솔루션을 비교한다. 이는 기업이 자체 평가(비용과 시간이 많이 소요될 수 있음)를 하거나 공급업체별 평가(특정 공급업체에 치우칠 수 있음)에 의존하지 않고 가용 제품의 장단점을 객관적으로 평가하도록 한다.

## 소프트웨어 테스트

소프트웨어 테스트는 합성 데이터의 전형적인 사용 사례로, 소프트웨어 개발자가 진행한 소프트웨어 애플리케이션의 기능과 성능 실험을 포함한다. 어떤 경우에는 소프트웨어 애플리케이션이 특정 처리량 또는 특정 볼륨에서 수행될 수 있도록 벤치마킹하기 위해 대규모 데이터셋이 필요하다. 테스트 사용 사례가 확장된 사례는 판매팀에 의해 실행되는 소프트웨어 데모와 소프트웨어 사용자를 실제 데이터에 대해 훈련하기 위한 데이터셋이다.

소프트웨어 테스트는 많은 산업에서 공통적이며, 합성 데이터로 해결되는 문제도 동일할 것이다. 금융 서비스 분야에서는 두 가지 일반적인 사용 사례가 있다. 첫째는 내부 소프트웨어 애플리케이션(가령 부정행위 탐지)을 테스트해서 의도된 기능을 수행하고 버그가 없는지 확인하는 것이다. 이 테스트를 하려면 현실적인 입력 데이터가 필요한데, 이 데이터에는 극한 사례나 비정상적으로 입력이 조합된 데이터가 포함돼야 한다. 둘째는 이러한 애플리케이션이 실제로 맞닥뜨릴 대량의 데이터를 처리하기 위해 성능을 확장할 수 있는지 테스트하는 것이다(가령 자동화된 거래 애플리케이션의 응답시간이 중요하다). 또한 이 테스트는 외부 정책이나 환경 이벤트로 거래량이 급증하는 경우와 같은 비정상적인 상황을 시뮬레이션해야 한다.

대부분의 소프트웨어 엔지니어링 업계에서는 생산 데이터[20]를 얻기가 쉽지 않다. 이는 프라이버시를 우려함은 물론이고 데이터에 비즈니스 기밀 정보가 담기기 때문일 수 있다. 따라서 많은 소프트웨어 개발자들이 데이터를 이용하는 것을 꺼린다. 데모와 훈련을 목적으로 데이터를 이용한다 해도 마찬가지다. 심지어 어떤 경우에는 소프트웨어가 새것인 데다가 그 소프트웨어의 테스팅에 사용할 고객 데이터가 충분하지 않기도 하다.

대안 하나는 생산 데이터를 테스트팀에 제공하기 전에 식별을 해제하는 것이다. 테스트 데이터는 계속해서 필요하기 때문에, 비식별도 연속적으로 실시해야 한다. 연속적인 비식별화의 비용 효과와 합성 데이터의 비용 효과를 고려해야 한다. 그러나 근본적인 문제는 소프트웨어 개발자들이 식별되지 않은 데이터를 다룰 때 갖춰야 할 통제 수준이다. 나중에 알게 되겠지만, 재식별에 대한 위험은 데이터 변환과 보안 및 프라이버시 통제 수준과 혼합돼 관리되고 있다. 소프트웨어 개발 업계는 낮은 통제 수준으로 작업하는 데 익숙하다.

소프트웨어 테스트에 대한 데이터 효용성 수요는 여기서 살펴본 다른 사용 사례에 비해 높지 않다. 이론적 분포에서 합성 데이터를 생성한 다음 테스트에 사용할 수 있다. 다른 접근법으로 공공 데이터셋(개방형 데이터)을 사용하고 이를 여러 번 복제해서 더 큰 테스트 데이터셋을 만들거나 대체 데이터로 다시 샘플링(각 레코드를 한 번 이상 뽑을 수 있도록 데이터셋에서 샘플을 추출)하는 방법도 적용되고 있다.

테스트, 데모, 훈련을 위한 합성 데이터 생성에는 원칙적인 방법이 있다. AIML 모델을 구축하고 테스트할 데이터를 생성할 때 사용하는 접근법과 동일한 방식을 사용해 실제 데이터에서 합성 데이터를 생성하는 것이다. 이 원칙을 따르면 분명 데이터의 통계적 특성이 현실적이고 정확할 것이며(가령 실제 데이터의 희귀 사건이 합성 데이터에서도 드문 사건이 될 것이다), 만약 대규모 합성 데이터셋이 생성된다면 이러한 특성이 유지될 것이다.

다음에 이야기할 산업은 교통이다. 마이크로시뮬레이션 모델을 통한 (교통) 계획을 목적으로 하는 데이터 합성과 자율 주행차의 훈련 모델에 사용할 데이터 합성을 고려할 것이다.

---

**20** 옮긴이_ 원문은 'production data' 다. 생산 설계서, 설계도, 규격서, 절차, 방법, 기술 및 생산 장비 구매 기술서와 같은, 효과적인 생산을 위해 요망되는 세부적인 기술 제원 등 생산과정에서 양산되는 데이터를 의미한다.

## 1.3.4 교통

운송 산업에서 합성 데이터는 수십 년 전부터 사용됐다. 당시에는 데이터가 제한적인 환경에서 교통 인프라를 매우 구체적으로 계획하고 정책을 결정해야 했다. 이런 의사결정을 공식적으로 알리기 위해 마이크로시뮬레이션 모델이 부상했는데, 이것이 바로 여기서 이야기할 첫째 사례다. 둘째 사례는 게임 엔진에 사용되는 경우로, 여기서는 AIML 모델 훈련에 사용되는 가상 환경을 합성하며 그 결과물은 자율 주행차에 내장된다.

### 마이크로시뮬레이션 모델

마이크로시뮬레이션 환경에서는 사용자가 'what-if' 분석으로 새로운 시나리오를 실행할 수 있다. 이러한 시뮬레이션 환경은 실제 데이터가 전혀 없을 때 긴요하며, 이를 이용해 합성 데이터를 생성해야 한다.

예를 들어 교통 계획 분야에서 다리나 쇼핑몰의 신축과 같이 새로 계획된 기반 시설의 영향을 평가하는 경우, 계획자들은 새 기반 시설의 영향을 받는 여행 수요를 예측하는 모델을 개발하기 위해 합성 데이터를 사용할 수 있다.

이러한 모델이 합성 데이터를 생성할 때 일반적으로 사용하는 접근법은 집계 요약(가령 인구 조사)을 설문조사에서 수집한 샘플 개인 수준 데이터와 결합하는 것이다. 인구 조사 데이터는 일반적으로 가구 구성, 소득, 자녀 수와 같은 정보를 제공한다. 총집계 데이터는 일반적으로 전체 관심 모집단을 포함하지만 필요한 변수를 모두 포함하지는 않을 수 있으며 원하는 세분성 granularity 수준에는 포함되지 않을 수 있다. 조사 데이터는 모집단의 표본을 포함하지만 매우 상세하고 광범위한 변수를 가진다.

그런 다음 합성 재구성은 반복 비례 적합 iterative proportional fitting (이하 IPF)과 같은 반복적 프로세스를 거쳐 타당하게 집계 요약을 생성하고 샘플 데이터를 시드로 사용하는 합성 개인 수준 데이터를 생성한다. IPF 절차는 얼마 전에 개발됐으며 데이터 합성에는 더 최근에 적용됐다.[21,22] IPF는 합성에서 불리한 몇 가지 단점(가령 조사 데이터가 희귀한 상황을 다루지 않는)이 있

**21** W. Edwards Deming and Frederick F. Stephan, "On a Least Squares Adjustment of a Sampled Frequency Table When the Expected Marginal Totals Are Known," Annals of Mathematical Statistics 11, no. 4 (1940): 427–44.

**22** Richard J. Beckman, Keith A. Baggerly, and Michael D. McKay, "Creating Synthetic Baseline Populations," Transportation Research Part A 30, no. 6 (1996): 415–29.

으며 이를 다루기 위해서 조합 최적화<sup>combinatorial optimization</sup>와 같은 강력한 기법이 개발됐다.[23]

다음 단계는 조사를 통해 수집하거나 개인의 휴대폰에서 직접 수집한 데이터를 사용해 개인의 행동과 움직임을 특징 짓는 것이다. 이 데이터는 개인의 교통수단 선택에 영향을 미치는 요소를 알아내 모델을 구축하는 데 사용한다.

합성 데이터를 모델과 결합함으로써, 다른 시나리오에서 일어날 일을 마이크로시뮬레이션으로 실행할 수 있다. 모델은 일련의 복잡한 행동과 결과를 설명하는 시뮬레이션에서 계단식으로 배치될 수 있다는 점에 유의해야 한다. 예를 들어, 모델은 특정 위치에 새로운 다리나 새로운 쇼핑몰이 건설돼 교통, 대중 교통 이용, 자전거 여행, 자동차 이용에 미치는 영향을 분석하여 어떤 결정을 할 수 있는지 알려준다. 이러한 마이크로시뮬레이터는 잘 알려진 역사적 시나리오에서 현실과 일치하는 결과를 제공함으로써 어느 정도 타당함을 검증받을 수 있다. 한편 계획과 정책 수립을 알리기 위해 새로운 시나리오를 시뮬레이션하는 데 사용될 수도 있다.

이제 자율 주행차용 AIML 모델 개발이라는 맥락에서 합성 데이터의 매우 이색적인 사용 사례를 생각해보자. 이러한 모델은 실시간 결정을 내려야 하며 안전에 결정적인 영향을 미칠 수 있다. 따라서 모델 훈련의 견고성은 매우 중요하다.

## 자율 주행차를 위한 데이터 합성

자율 주행차의 주된 기능 하나는 물체 식별(*https://oreil.ly/GSP7v*)이다. 자율 주행차는 센서 데이터를 분석해 차량의 경로와 주변 환경에 있는 물체를 인식한다. 카메라, 라이더 시스템, 레이더 시스템은 주변 물체의 속도와 거리를 결정할 뿐만 아니라 물체 식별을 지원하는 데이터 피드를 제공한다.

합성 데이터는 이러한 신호의 일부를 처리하는 AIML 모델을 훈련하는 데 필수적이다. 실제 데이터는 자율 주행차가 마주칠 수 있는 모든 극한 상황, 예를 들어 동물이 주행 경로로 돌진하거나 직사광선이 카메라 센서를 비추는 경우 등의 희귀하거나 위험한 시나리오는 포착하지 못한다. 게다가 포착한 환경은 고정되어 있으며, 시나리오를 통해 여러 번 실행될 때 시스템 동작의

---

**23** Zengyi Huang and Paul Williamson, "A Comparison of Synthetic Reconstruction and Combinatorial Optimization Approaches to the Creation of Small–Area Micro Data" (working paper, University of Liverpool, 2002); Justin Ryan, Hannah Maoh, and Pavlos Kanaroglou, "Population Synthesis: Comparing the Major Techniques Using a Small, Complete Population of Firms," Geographical Analysis 41 (2009): 181–203.

변화에 대응하지 못한다.[24]

이러한 격차를 해소하는 유일한 방법은 합성 데이터의 활용이다. 사용자 정의 가능한 시나리오를 생성함으로써 엔지니어는 실제 환경을 모델링할 수 있고, 완전히 새로운 환경을 만들 수 있으며, 이를 통해 다양한 행동을 변경하고 대응할 수 있다. 실제 테스트는 검증에는 긴요한 방편이 되지만, 사람이 운전하지 않아도 자동차가 제대로 운전할 수 있음을 증명할 만큼 완벽하지는 않다.

시뮬레이션용 합성 데이터는 비디오 게임이나 다른 가상 세계의 게임 기술을 사용해 생성한다. 첫째, 환경을 조성해야 한다. 환경은 실제 데이터를 사용해서 뉴욕시와 같은 실제 세계의 위치를 복제하거나 완전히 합성한 장소가 될 수 있다. 어느 경우든 환경의 모든 것은 실제 세계와 동일한 물질적 특성(가령 금속이나 아스팔트 표면에서 반사되는 빛)을 정확하게 시뮬레이션해야 한다.

이 정도의 정확성을 갖추면 카메라, 레이더, 라이더 센서의 출력을 시뮬레이션해서 자동차가 주행하는 환경을 보는 방식을 정확하게 재창조할 수 있다. 그러면 자동차의 프로세서는 마치 실제 주행 환경에서 온 것처럼 데이터를 수신하고, 결정을 내리고, 차량 제어 명령을 시뮬레이터로 다시 전송한다. 이 폐쇄 루프 프로세스는 비트단위 정확성$^{bit-accurate}$과 정확한 타이밍$^{timing-accurate}$의 하드웨어 루프 내 테스트를 가능하게 한다. 또한 매우 현실적인 조건에서 차량의 기능을 테스트할 수 있다.

물론 루프 내 하드웨어를 테스트하는 데 필요한 컴퓨팅 용량은 상당히 중요할 수 있다. 즉, 자율 주행차의 유효성 검사에 필요한 정확도를 달성하려면 엄청난 계산에 집중해야 할 것이다. 먼저 세밀하게 세계를 생성해야 한다. 그런 다음 센서 출력을 물리적으로 정확한 방법으로 시뮬레이션해야 하며, 이는 시간과 엄청난 양의 컴퓨팅 파워를 요한다.

## 1.4 요약

지난 몇 년 동안 제조, 의료, 운송, 금융 서비스와 같은 다양한 산업에서 합성 데이터가 채택된

---

**24** 옮긴이_ 모델을 만들 때 시뮬레이션 환경은 모델과 상호작용할 수 있어야 한다. 녹화된 상황은 상호작용이 불가능하기 때문에 모델 학습용으로 적절하지 않다는 말이다.

사례를 보아왔다. 데이터 접근 문제는 더 쉽게 해결되거나 곧 사라지지 않기 때문에, 데이터 합성은 더 많은 사례에 적용될 가능성이 커지리라 전망된다.

1장에서는 합성 데이터의 개요와 그 이점을 살펴보았다. 또한 여러 산업에 적용된 사례를 통해 실제로 데이터 접근 문제를 해결하기 위해 합성 데이터를 어떻게 적용하는지 살펴보았다. 다시 말하지만, 이러한 사용 사례들은 이질적 특성을 지니며 합성이 이와 같은 다양한 문제를 해결할 수 있음을 알려준다. 이 장에서 언급한 사례는 여러 산업과 그 활용을 전부 망라하지 못하지만, 초기 사용자들의 행적과 그 잠재력을 보여준다.

1장 사례에서 다양한 유형의 데이터를 다뤘다. 이 책에서는 구조화된 데이터에 초점을 맞췄으나 여기서 다룰 많은 개념은 일반적으로 다른 유형의 데이터에도 적용된다. 다음 장에서는 데이터 합성이 조직의 우선순위에 부합하도록 보장하는 것으로 시작해 중요한 구현 고려사항을 알아본다. 뒤이어 합성 프로세스와 합성 파이프라인 구축을 설명하고, 기업 내에서 데이터 합성을 확장할 때 고려해야 할 프로그램 사항으로 마무리한다.

# CHAPTER 2

# 데이터 합성

합성할 때 가장 먼저 해야 하는 결정은 다른 개인 정보 보호 강화 기술privacy-enhancing technologies (PET)과 비교해볼 때 데이터 합성이 데이터에 접근하는 최선의 방식인지 여부다. 합성의 성공을 보장하려면 그 기술을 사용하는 조직의 우선순위에 맞춰야 한다. 2장에서는 먼저 데이터 합성의 목표를 설정하고 다른 방법들에 비해 비즈니스 우선순위에 적합한 시기를 결정하는 데 도움되는 의사결정 프레임워크를 제시한다.

데이터 합성이 적절한 해결책으로 선택됐다면, 구현 프로세스를 고려한다.

기업의 경우, 데이터 합성의 구현에는 프로세스process와 구조structure라는 두 가지 핵심 요소가 있다. 프로세스는 주요 단계로 구성되며, 데이터 파이프라인에 합성을 통합하는 방법을 설명한다. 구조는 일반적으로 조직과 조직의 고객 데이터를 생성할 수 있는 전용 기술과 능력을 갖추고 조직에 교육과 컨설팅을 제공하는 데이터 합성 전문가 집단[1]이 운영한다. 이 장에서는 데이터 합성 시 따라야 할 지침을 제공하고, 데이터 합성의 중요한 성공 요소를 알기 위해 프로세스와 구조를 자세하게 설명한다.

실제로 데이터 합성 능력을 적용해야 할 시나리오는 여러 가지다. 예를 들어 데이터 합성을 적용해야 할 대상에는 단독 실무자만이 아니라 대형 조직도 있다. 따라서 다음에 설명할 내용은 구체적인 상황에 맞게 조정할 필요가 있다.

---

[1] 데이터 합성 전문가 집단(Synthesis Center of Excellence)은 기업에서 데이터 합성 운영과 기술의 채택과 지속가능성을 담당하는 조직 개체이다.

## 2.1 합성 시기

데이터 접근이 어려울 때 데이터 합성은 대부분 그 어느 방법보다도 좋은 해결책이다.

데이터 합성을 비롯해 데이터 접근 시 사용할 수 있는 기술로 개인 정보 보호 강화 기술(PET)이 있다. 이 절에서는 이 중에서 주어진 작업을 해결하기 위해 사용할 기술을 선택할 때 도움될 의사결정 프레임워크를 제시한다.

앞으로 살펴보겠지만, 데이터 합성은 비즈니스 기준을 최적화하는 많은 상황에서 강력한 접근법이다. 다른 PET가 작동하는 특정 상황과, 독자가 진행하는 업무에 가장 적합한 도구를 선택할 수 있도록 다양한 상황을 제시할 것이다.

## 2.2 식별화 가능성 스펙트럼

[그림 2-1]에서 식별화 정도를 나타내는 식별화 가능성 스펙트럼identifiability spectrum은 다양한 PET 방법을 통합할 때 유용한 중요한 개념이다.

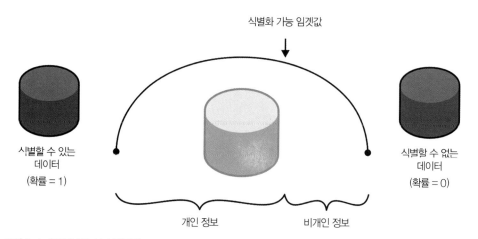

**그림 2-1** 식별화 가능성 스펙트럼

식별화 가능성identifiability은 데이터셋의 한 레코드에서 신원 또는 정체identity를 알아낼 확률이라고 생각하면 된다. 확률이기 때문에 0부터 1까지의 범위를 가진다. 이 스펙트럼의 한쪽 끝에는 완벽한 식별 가능성이 있으며, 이 지점에서 레코드의 식별 확률은 1이다. 다른 한쪽 끝의 식별 확률은 0으로, 이 레코드의 식별은 거의 불가능하다.

제로 리스크는 실제로 결코 달성되지 않는다. 목표가 제로 리스크라면 모든 데이터를 개인 정보로 취급해야 한다. 따라서 레코드 식별의 '불가능성'이나 해당 레코드에서 완전한 식별 정보로의 '불가역성'을 논하는 것은 실제로 이룰 수 없는 목표다. 이와 같이 제로 리스크가 충족 불가능한 기준이므로 여기서 개인 정보를 이야기하는 것이다. 이런 이유에서 리스크 제로라는 개념에서 벗어나 실용적인 모델에 초점을 맞출 것이다.

모든 데이터셋은 이 스펙트럼을 따라 식별 확률을 가진다(0은 제외). [그림 2-1]에서 보듯이, 스펙트럼을 따라 개인personal 정보와 비개인nonpersonal 정보 또는 이 두 데이터를 나누는 임곗값이 있다. 데이터에서 측정된 확률이 임곗값을 초과할 때 개인 정보가 되고, 데이터에서 측정된 확률이 임곗값 이하일 때 비개인 정보가 된다.

PET는 해당 스펙트럼의 특정 지점에서 임곗값의 위나 아래에 데이터셋을 배치한다.

그렇다면 이 임곗값도 확률이다. 이 임곗값은 무엇이 돼야 할까? 실제로 이 임곗값이 각각 다른 맥락에서 무엇이 돼야 하는지를 보여주는 선례가 많다. 한 사회에서 수십 년 동안 비개인적인 데이터를 공유해왔으며, 세계 각지의 조직들이 공식적, 비공식적으로 임곗값을 설정하고 데이터를 공유하는 사례가 많다. 예를 들어 미국 인구조사국United States Census, 캐나다 통계청Statistics Canada, 영국 국가통계국Office for National Statistics과 같은 국가 통계기관은 상당한 기간 동안 데이터를 공유하고 일련의 임곗값을 사용해왔다. 그리고 주state levels나 지방provincial levels의 보건부, 대규모 보건 데이터 관리 등의 부서들 역시 이와 유사한 일을 해왔다. 앞에서 이야기했듯이 실제로 잘 사용되고 있는 수많은 선례가 있으므로 임곗값의 선택과 그 해석은 논란이 되지 않는다.

식별 확률의 또 다른 핵심은 측정 가능하다는 점이다. 통계적 노출 통제statistical disclosure control (SDC)[2] 분야에서 이 주제를 다룬 문헌은 적어도 50년 이상 축적됐다. 위험(또는 리스크)을 모델에 기초해 측정하는데, 모델은 다음과 같다고 가정할 수 있다. 어떤 모델은 매우 보수적conservative이지만 어떤 모델은 매우 허용적permissive이다. 식별 확률이 측정된다고 해서 올바르게 측정되거나 합리적 방법으로 측정된다는 뜻은 아니다. 예를 들어 어떤 모델은 너무 허용적이어서 일이 잘못되면 수습하기가 매우 곤란할 것이다. 또 어떤 모델은 너무 보수적이어서 항상 위

---

**2** 옮긴이_ 통계청 참조(*http://kostat.go.kr/sri/srikor/srikor_pbl/2/index.board?bmode=download&bSeq=&aSeq=369922&ord=1*), *https://en.wikipedia.org/wiki/Statistical_disclosure_control*.

험을 부풀릴 것이다. 모델 선택은 중요하다.

## 2.3 데이터 접근 활성화를 위한 PET 선택의 절충

개인 정보 보호 강화 기술(PET)을 적용하는 종래의 방법은 프라이버시 보호와 데이터 효용성을 절충trade-off하는 것이었다. 왜냐하면 PET란 데이터가 변화됨을 의미하므로 PET가 적용되면 데이터 효용성에 부정적 영향을 미치기 때문이다. 데이터 변환이 많아지면 데이터 품질이 점차 저하된다. 만약 높은 수준의 프라이버시를 원한다면, 낮은 수준의 효용성을 지닌 데이터를 사용해야 할 것이다. 이 내용은 [그림 2-2]에 설명했다.

최대 효용성을 지닌 데이터는 변환이나 통제장치가 없는 원본 데이터일 것이다. 그러나 원본 데이터는 개인 정보라고 가정할 때 프라이버시를 최소한 보장할 것이다. 이와 마찬가지로 데이터를 사용하지 않거나 공개하지 않을 때 최대 프라이버시가 확보되는데, 이때 효용성은 최소한의 수준이 된다. 이 두 극단 모두 바람직하지 않다.

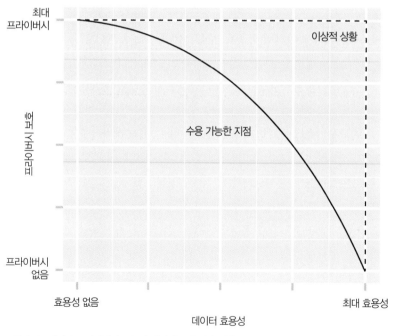

**그림 2-2** 데이터 프라이버시 보호와 데이터 효용성의 절충

따라서 [그림 2-3]에서 보듯이 PET는 데이터 프라이버시와 데이터 효용성 사이에서 균형을 이루는 최적의 지점을 그 곡선에서 찾는 최적화 문제를 해결해야 했다. 좋은 프라이버시 향상 기술 솔루션은 그 곡선의 중간 지점을 따라 임곗값 아래와, 이와 동시에 데이터 효용성이 좋은 지점을 찾았을 것이다. 따라서 데이터 효용성을 극대화하기 위해 조직이 가능한 한 임곗값에 가깝게 운영하려면 기술의 선택이 매우 중요했다.

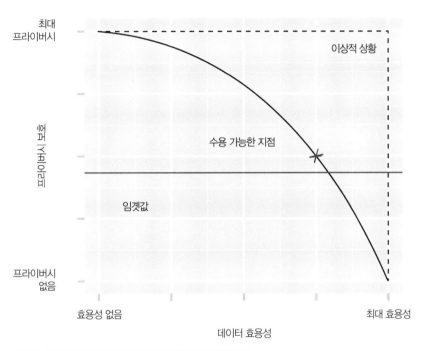

**그림 2-3** 곡선을 따라 최적의 지점이 임곗값 바로 위에 있다.

데이터 처리자에게는 데이터 변환 외에 때로는 다양한 통제기법이 필요하다(그림 2-4 참조). 통제기법은 전반적인 위험을 관리하는 데 사용되는 일련의 보안 및 개인 정보 보호 관행이었을 것이다. 따라서 식별 확률은 데이터 변환과 통제기법 두 가지로 이루어진 함수였다. 데이터와 통제기법의 위험을 동시에 평가하기 위해 다양한 모델이 개발됐다.

이 접근법은 많은 데이터를 변환할 필요가 없다는 장점이 있다. 위험을 관리하는 제2의 지렛대가 있기 때문에, 보안과 프라이버시 통제는 식별 스펙트럼상에서 더 낮은 확률로 이동하는 또 다른 방법이었다. 이를 통해 조직은 임곗값에 가까워지고 데이터 효용성을 극대화할 수 있다. 따라서 여기서 효과적으로 수행한 작업은 곡선을 이동해 동일한 수준의 개인 정보 보호에서 더 높은 수준의 데이터 효용성을 달성한다.

일반적으로 규제 당국은 데이터 변환과 통제를 조합해서 위험을 관리한다는 개념을 허용해왔다. 그러나 조직들이 실제로 필요한 통제를 실행하고 유지할지 여전히 의심스럽기 때문에, 이 개념은 보편적으로 수용되지 못했다. 그리고 신뢰를 유지하는 것은 크나큰 도전이다. 식별 가능성 관리 메커니즘으로 사용되는 통제기법은 신뢰도가 높은 경우, 또는 통제기법이 실제로 제자리에서 제 역할을 하는지 확인해주는 신뢰성 있는 감사 프로세스가 있는 경우에만 실제로 작동한다. 전자는 불안정한 상황에 있으며, 후자는 특정 접근법을 적용할 때 그것을 실행하는 비용 등의 경제적인 측면이 있다.

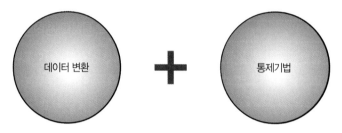

**그림 2-4** 식별 가능성 위험이 임곗값 미만인지 확인하기 위해 데이터 변환 및 통제기법이 제안되는 경우도 있다.

## 2.3.1 결정 기준

현실적으로, 조직은 데이터 프라이버시 보호와 데이터 효용성의 균형에 근거해 어떤 PET를 배치할지 결정하지 않는다. [그림 2-5]에 설명한 것처럼 일반적으로 고려하는 것은 다음과 같은 네 가지 주요 요소다.

- 프라이버시 보호의 범위(또는 현행 규정을 준수하는 범위): 이는 임곗값이 허용 가능한지 여부와 측정된 위험이 임곗값 미만인 경우로 귀결된다.
- 비즈니스 목표를 달성하기 위한 데이터 효용성 정도: 데이터 효용성의 극대화는 보편적인 목적이 아니다. 예를 들어 소프트웨어 테스트에 사용하는 비개인 데이터는 데이터 과학자가 임상시험 모집에 혁신을 추진하기 위해 사용하는 데이터셋보다 데이터 효용성이 더 낮다. 따라서 허용 가능한 데이터 효용성의 정도는 제각각 다르다. 다른 예로 제삼자가 비개인 데이터를 이용할 수 있도록 하는 규정이 필요한 회사가 있을 수 있다. 기업은 데이터 공유의 이득을 평가하지 못하기 때문에 데이터 효용성을 강조하지 않을 수도 있다.
- 비용도 매우 중요하다. 비용에는 두 종류가 있다. 첫째는 구현 비용으로 가명화(pseudonymization)를 통해 PET를 구현하는 데 드는 비용이다. 이 비용은 판매업체에 따라 크게 달라질 것이다. 둘째는 운영 비용으로 PET를 거친

후 데이터를 처리할 인프라와 통제장치를 유지하는 데 드는 비용이다.

- 마지막은 소비자 신뢰다. 신뢰는 소비자(가령 고객이나 환자, 정부기관의 경우 일반 대중을 포함)가 특정 조직과 계속 거래하기를 원하는지에 영향을 미칠 것이다. 의료 환경에서 환자들이 자기 정보가 어떻게 사용될지 걱정되면 치료를 의뢰하지 않거나, 자가 치료를 하거나, 의사와 면담할 때 중요한 세부사항을 생략하는 등 프라이버시 보호 행동을 하는 것으로 알려져있다. 보건 IT 제품을 신뢰하지 못해 채택을 늦춘다는 일부 증거도 있다. 이 기술을 적용함으로써 얻게 될 이점을 뒷받침하는 데이터가 있음에도 말이다. 칸타르Kantar (https:// oreil.ly/gkz9A)의 최근 설문조사에 따르면, 보건 기술 플랫폼에서 프라이버시와 보안에 대한 신뢰 부족이 채택에 영향을 미친다. 따라서 조직은 공공의 신뢰 유지를 보장하기 위해 이용 가능한 최고의 PET를 사용하고자 한다.

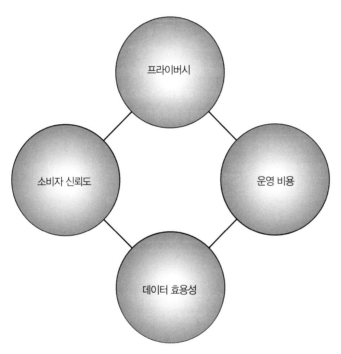

그림 2-5  조직은 특정 PET를 채택하기 위해 네 가지 기준을 사용한다.

## 2.3.2 PET 고려하기

두 개의 PET를 살펴보고 데이터 변환 및 통제기법 차원에서 데이터 합성과 비교해보자. '안전한 다중 연산secure multi-party computation'을 자세히 설명하면 다음과 같다.

## 안전한 다중 연산

데이터에 접근하기 위해 적용할 만한 또 다른 방법은 안전한 다중 연산을 사용하는 방법이다. 이 기술은 암호화된 데이터나 왜곡된 데이터에 연산을 수행하도록 하며, 일반적으로 그들 간에 원시 데이터를 공유하거나 유출하지 않고 공동으로 연산을 수행하는 복수의 독립된 엔티티를 가진다. 이를 위한 방법으로는 이른바 비밀 공유 기술(협력체 간에 데이터가 임의로 분할되는 경우)이나 동형 암호화 기술(데이터가 암호화되고 암호화된 값으로 계산되는 경우) 등 여러 가지가 있다.

일반적으로 보안 연산 기법을 사용하기 위해서는 적용하려는 분석 기법을 미리 알아야 하며, 각 분석 절차에서 보안 속성이 검증돼야 한다. 그 좋은 예가 각 가정의 감염률을 밝히지 않고 요양원의 감염률을 집계하는 공공 보건 조사다.[3] 분석이 정의되고 정적인[4] 감시 사례에서는 바르게 작동하지만, 실제로 안전한 다중 연산 프로토콜을 설정하는 것은 복잡한 일이다.

더 큰 문제는 많은 기술의 기초가 되는 안전한 계산 기술과 방법을 이해하고 보안 증명을 수행할 사람이 거의 없다는 것이다. 그러면 소수의 숙련된 자원에 지나치게 의존하게 된다.

가명화 방법은 여기서 설명할 첫 번째 PET 방법이다. 데이터에서 '직접 식별자'만 변환하는 조직은 가명화 기법을 사용한다. 직접 식별자란 이름이나 사회 보장 번호와 같은 것이다. 결과 데이터셋은 어떤 합리적인 임곗값보다 식별 가능성이 더 높을 수 있다. 불행하게도, 가명 정보는 더 이상 개인 정보가 아니라는 (잘못된) 인식이 여전히 일반적이다. 즉 이 방법은 식별 가능성이 기준치 이하다.

의료보험 이전과 책임에 관한 법률(HIPAA)의 제한된 데이터셋limited data set(LDS) 조항도 직접 식별자만 마스킹한다. LDS는 HIPAA로 보호되는 기업들이 연구, 공중 보건, 의료 운영과 같은 제한된 목적하에 환자 동의(또는 허가) 없이 가명화된 데이터를 공유하는 것을 허용한다. LDS 조항에 따라 요구되는 추가 통제는 무엇보다도 데이터가 재식별되지 않고, 개인과 접촉하는 데 이용되지 않으며, 협력업체에게 의무 전가를 보장하는 데이터 수령자와의 데이터 공유 계약이다. 또한 여전히 개인 정보로 간주하기 때문에 HIPAA 보안 규정에 따라 보안 조항이 여

---

**3** Khaled El Emam et al., "Secure Surveillance of Antimicrobial Resistant Organism Colonization in Ontario Long Term Care Homes" PLoS ONE 9, no. 4 (2014).
**4** 옮긴이_ 분석 방법이 동적으로 바뀌지 않는 상황을 말한다.

전히 적용될 것이다. 이는 LDS에 보안 통제 수준이 있음을 의미한다. LDS는 동의 의무가 없다는 주된 장점이 있지만, 기준점 이하에서는 식별 가능성이 거의 없는 셈이다.

일반 데이터 보호 규정(GDPR)에 따르면 가명 자료에는 개인 식별에 사용할 수 있는 추가 정보를 별도로 보관해야 하며, 동일한 방법으로 사용할 수 없도록 하기 위한 기술적, 조직적 조치의 대상이라는 요건이 포함된다. 또한 가명 데이터는 개인 정보로 남기 때문에 데이터를 처리하기 위해 적절한 통제가 필요하다. GDPR에 따라 가명화를 사용하는 주된 이점은 필요한 통제의 범위를 줄이는 것이다.

비식별화de-identification를 고려해보자. 비식별화라는 범주에 속하는 여러 가지 방법을 논의할 것이다.

HIPAA Safe Harbor 방법은 고정된 속성들을 제거하거나 일반화하는 것이다. Safe Harbor에는 그 범위를 다소 확대하는 몇 가지 조항이 있다. 예를 들어, 한 가지 속성은 광범위하게 해석될 여지가 있는 '고유하게 식별되는 숫자, 특성, 코드'다. 또한 대상 개체는 남아있는 정보를 활용해도 환자를 식별할 수 없어야만 한다. 실제로 마지막 이 두 가지 항목은, 전혀 그렇지 않더라도 매우 가볍게 다루어져왔다.

Safe Harbor가 강력한 비식별 표준이 아니며 일반적으로 권장되지 않음은 공개 통제 커뮤니티에서 인정된 바다. 그러나 HIPAA가 적용되는 개체에 이 표준을 적용하는 것은 필요한 속성을 만족했음을 표시하고, 데이터를 식별 해제할 수 있다고 선언할 수 있다. 또한 Safe Harbor 표준은 다양한 방법으로 변형되어 전 세계에 전파됐으며, 이해와 적용이 매우 간단하기 때문에 매력적이다. 그러나 엄밀히 말하면 이 표준은 HIPAA를 준수하는 기업에만 적용되며 경험적 근거는 미국 인구조사 데이터로 수행된 분석에 기초한다. 따라서 Safe Harbor의 국제적 적용은 의문의 여지가 있다.

위험 기반 비식별화 방법은 식별 확률을 측정하는 통계적 방법과 강력한 통제 기법의 응용을 결합해 식별 가능성의 위험을 관리한다.

[그림 2-6]에서 세 가지 등급의 PET가 어떻게 변환되고 통제기법 차원에서 매핑되는지 볼 수 있다. 예를 들어, LDS와 GDPR 가명화 프로세스에서는 데이터 변환뿐만 아니라 통제(보안, 개인 정보 보호, 계약)의 일부도 특정 단계에 포함되어야 한다. 완전 합성 데이터는 통제 기법 측면의 요구를 최소화한다.

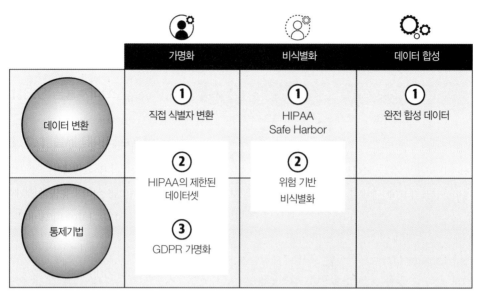

**그림 2-6** 변환 및 통제기법 차원에 서로 다른 등급의 PET를 매핑해 어떻게 균형을 이루는지 확인하기

물론 비용과 데이터 효용성 사이에는 서로 상쇄하는 관계가 있다. 예를 들어 높은 수준의 통제기법을 구현하면 운영 비용이 많이 든다. 이 비용은 달성된 데이터 효용성이 높은 경우(조직이 데이터 효용성에 우선순위를 둔다고 가정할 때) 더 허용될 수 있다. 물론 운영비가 저렴하고 데이터 효용이 높다면 금상첨화다. 단순한 견해일 수 있지만, [그림 2-7]은 조직이 취할 수 있는 몇 가지 중요한 절충을 보여준다.

더 높은 수준의 통제기법은 특정 PET의 운영 비용을 증가시킨다. 데이터 변환이 많을수록 데이터 효용성이 감소한다. 이상적인 사분면은 비용이 최소화되고 효용성이 최대화되는 곳이며, 그림에서 왼쪽 하단 사분면이다. 최악의 사분면은 오른쪽 상단으로 운영비가 비싸고 효용성이 낮다.

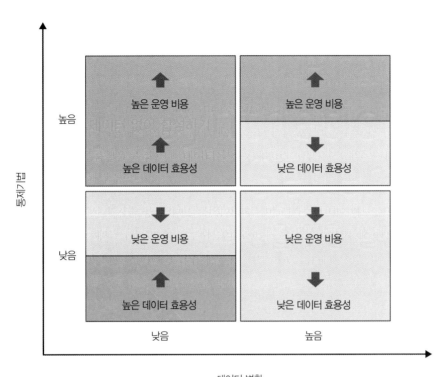

**그림 2-7** 통제기법 추가와 인간 연령 식별 가능성의 변환 사용 간의 균형

### 2.3.3 의사결정 프레임워크

[그림 2-8]은 주요 요소가 주어졌을 때 적절한 PET가 무엇인지를 알려주는 모델을 보여준다.

첫째 열에는 조직이 네 가지 기준 각각에 할당한 가중치가 있다. 가중치는 특정 기준이 얼마나 중요한지를 0과 1 사이의 값으로 매긴 것이다. 높은 가중치는 그만큼 중요하다는 뜻이다. 가중치는 조직의 우선순위, 문화, 위험 허용 오차를 반영해야 한다.

| | 가중치 | 직접 식별자 변환 | HIPAA LDS | GDPR 가명화 | HIPAA Safe Harbor | 위험 기반 비식별화 | 데이터 합성 |
|---|---|---|---|---|---|---|---|
| 프라이버시 | | | | | | | |
| 소비자 신뢰도 | | | | | | | |
| 운영 비용 | | | | | | | |
| 데이터 효용성 | | | | | | | |
| 점수(높을수록 좋음) | | | | | | | |

**그림 2-8** 다양한 PET 평가를 위한 의사결정 프레임워크 템플릿

[그림 2–9]는 우선순위가 매우 다른 두 조직을 대조적으로 보여준다. 왼쪽은 프라이버시 보호를 중시하면서도 비용에 민감한 조직이다. 이 경우, 운용 비용은 그 조직에서 의사결정할 때 하나의 요소가 될 것이다. 오른쪽은 효용성에 매우 집중하고 비용에도 매우 민감한 조직이다. 이 두 예에서 신뢰도는 낮은 점수를 받았다. 물론 모든 조직은 그들만의 절충안을 만들 수 있고 시간이 지나 절충안을 바꿀 수도 있다.

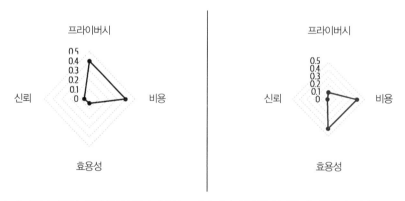

**그림 2-9** 스파이더 다이어그램은 우선순위가 다른 두 조직이 만든 절충안을 설명할 때 사용할 수 있다.

[그림 2–8]에서 프레임워크의 둘째 요소는 순위[ranking]로, 표의 중간 부분에 있다. 순위는 네 가

지 기준 각각에서 PET당 1~6의 숫자로 나타낸다. 순위가 1이면 PET가 그 기준을 더 충족할 수 있음을 의미한다. 여기서 사용한 기본 순위는 [그림 2-10]에 표시했으며, 근거는 다음과 같다.

| | 가중치 | 직접 식별자 변환 | HIPAA LDS | GDPR 가명화 | HIPAA Safe Harbor | 위험 기반 비식별화 | 데이터 합성 |
|---|---|---|---|---|---|---|---|
| 프라이버시 | | 6 | 3 | 3 | 5 | 1 | 1 |
| 소비자 신뢰도 | | 6 | 3 | 3 | 5 | 2 | 1 |
| 운영 비용 | | 1 | 5 | 6 | 2 | 4 | 3 |
| 데이터 효용성 | | 1 | 1 | 1 | 4 | 5 | 5 |
| 점수(높을수록 좋음) | | | | | | | |

**그림 2-10** 순위가 포함된 의사결정 프레임워크

직접 식별자 변환 옵션은 통제기법이 없다고 가정하므로 논쟁의 여지 있는 사례를 기준으로 순위를 결정하는 것이 아니라 일반적으로 사용하는 수준으로 순위를 반영했다. 가명화의 두 가지 유형인 HIPAA LDS와 GDPR은 상당한 통제기법을 요하며 GDPR은 추가(이며 응용할 수 있는) 데이터에 접근 의무를 적용한다.

직접 식별자 변환과 HIPAA Safe Harbor는 매우 작은 데이터 서브셋을 변환하고 추가적인 통제를 요구하지 않기 때문에 프라이버시 보호에서 가장 낮은 순위를 차지함을 알 수 있다. 그러나 이는 운영 비용이 가장 적게 드는 두 가지이기도 하다.

신뢰도 차원에서 데이터 익명화anonymization 기법은 최근 부정적으로 보도되며 소비자 신뢰를 약화시키고 규제 당국의 우려를 불러일으켰다. 다른 방법들은 식별 가능성이 임곗값 미만임을 보장하는 PET로 보이지 않는다.

맨 아래 점수는 정규화된 합계 순위를 나타내며 값이 높을수록 조직의 우선순위와 더 일치하는 옵션임을 의미한다. 이제 몇 가지 사례를 살펴보자.

## 2.3.4 의사결정 프레임워크 적용 사례

모든 우선순위가 [그림 2–11]과 같은 순위를 가질 때 HIPAA Safe Harbor가 가장 점수가 낮으므로 선호되지 않는 옵션임을 알게 될 것이다. 데이터 합성은 모든 PET를 망라해 조직에 좋은 균형을 제공하기 때문에 가장 높은 순위를 차지한다.

| | 가중치 | 직접 식별자 변환 | HIPAA LDS | GDPR 기명화 | HIPAA Safe Harbor | 위험 기반 비식별화 | 데이터 합성 |
|---|---|---|---|---|---|---|---|
| 프라이버시 | 0.25 | 6 | 3 | 3 | 5 | 1 | 1 |
| 소비자 신뢰도 | 0.25 | 6 | 3 | 3 | 5 | 2 | 1 |
| 운영 비용 | 0.25 | 1 | 5 | 6 | 2 | 4 | 3 |
| 데이터 효용성 | 0.25 | 1 | 1 | 1 | 4 | 5 | 5 |
| 점수(높을수록 좋음) | | 0.3 | 0.7 | 0.5 | 0 | 0.7 | 1 |

그림 2-11 조직이 선호하는 최적화 기준이 없을 때의 의사결정

가중치를 변경함으로써 다른 우선순위에서 어떤 PET가 가장 적합한지 확인할 수 있다.

예를 들어 [그림 2–12]에서 본 것과 같이 프라이버시 보호를 희생하면서 비용 최소화와 효용성 극대화에 주력하는 조직이 있다면, 직접 식별자를 변환하는 것이 최선의 선택안이 되겠지만, HIPAA Safe Harbor 같은 방법 또한 꽤 매력적이다. 이 방법은 매우 낮은 수준의 프라이버시를 보장하므로 소비자 신뢰도에 영향을 미칠 수 있다. 그러나 이는 오늘날 사용되는 비즈니스 우선순위이며, 직접 식별자의 간단한 변환은 합리적인 결정이다.

| | 가중치 | 직접 식별자 변환 | HIPAA LDS | GDPR 가명화 | HIPAA Safe Harbor | 위험 기반 비식별화 | 데이터 합성 |
|---|---|---|---|---|---|---|---|
| 프라이버시 | 0.1 | 6 | 3 | 3 | 5 | 1 | 1 |
| 소비자 신뢰도 | 0.1 | 6 | 3 | 3 | 5 | 2 | 1 |
| 운영 비용 | 0.4 | 1 | 5 | 6 | 2 | 4 | 3 |
| 데이터 효용성 | 0.4 | 1 | 1 | 1 | 4 | 5 | 5 |
| 점수(높을수록 좋음) | | 1 | 0.5 | 0.3 | 0.3 | 0 | 0.3 |

그림 2-12 프라이버시 보호와 신뢰를 희생하면서 비용과 효용을 최적화하는 의사결정

[그림 2-13]과 같이 신뢰와 프라이버시에 비중을 두는 조직은 데이터 접근의 솔루션으로 데이터 합성을 선택할 것이다.

| | 가중치 | 직접 식별자 변환 | HIPAA LDS | GDPR 가명화 | HIPAA Safe Harbor | 위험 기반 비식별화 | 데이터 합성 |
|---|---|---|---|---|---|---|---|
| 프라이버시 | 0.4 | 6 | 3 | 3 | 5 | 1 | 1 |
| 소비자 신뢰도 | 0.4 | 6 | 3 | 3 | 5 | 2 | 1 |
| 운영 비용 | 0.1 | 1 | 5 | 6 | 2 | 4 | 3 |
| 데이터 효용성 | 0.1 | 1 | 1 | 1 | 4 | 5 | 5 |
| 점수(높을수록 좋음) | | 0 | 0.6 | 0.5 | 0.1 | 0.8 | 1 |

그림 2-13 조직에서 프라이버시 보호와 신뢰를 최적화하는 의사결정

그러므로 우리는 우리의 선택을 모델링하고 이해할 수 있는 합리적인 방법을 가지고 있다. 물

론 특정 PET가 조직의 우선순위에 맞지 않는다면, 맞지 않는 PET를 실행하는 어떠한 시도도 성공하지 못하리라는 것은 말할 것도 없다.

이 순위 모델은 특정 가정을 기반으로 한다는 점에 유의해야 한다. 첫째로, 해당 모델의 사용 사례가 적용 가능하다고 가정한다. 예를 들어 선호되는 가명화 형식이 있지만, 그 형식의 사용에 동의를 얻을 수 없고 GDPR하에서 합법적인 실제 사례가 없다면 가명화는 실행 가능한 선택안이 될 수 없다. 따라서 순위 모델은 PET가 특정 사용 사례의 진정한 대안이 될 경우에만 적용된다. 데이터 효용성에 주어진 우선순위는 조직이 PET를 구현하기 전에 익숙했던 방식의 영향을 받는다. 예를 들어 조직 내 분석가에게 과거의 원시 데이터 접근 권한을 부여했다면, 그는 높은 데이터 효용성을 기대할 것이다. 반면에, 만약 분석가가 과거의 어떤 데이터에도 접근할 수 없다면, 어떤 형태의 데이터에든 접근할 수 있음은 이점으로 보일 것이다. 따라서 데이터 효용성에 대한 인식은 때에 따라 달라진다.

PET를 선택하는 방법과 (특히 목적에 맞게) 데이터 합성이 조직의 우선순위와 일치하고 데이터 합성을 최적화하는 방법을 알게 됐으므로, 이제 데이터 합성을 구현할 프로세스를 상세히 검토해보자.

## 2.4 데이터 합성 프로젝트

데이터 합성 프로젝트에는 합성 데이터의 생성과 산출물의 유효성 확인에 초점을 맞춘 프로세스가 있고, 실제 데이터가 합성될 수 있도록 준비하는 프로세스도 있다. 검증에는 데이터 효용성과 프라이버시 보장에 대한 평가가 포함된다. 이 절에서는 프로세스를 설명하고 적용할 수 있는 지침을 제공한다.

### 2.4.1 데이터 합성 단계

일반적인 데이터 합성 프로세스를 [그림 2-14]에 나타냈는데, 이 그림은 완전한 전체 프로세스를 보여준다. 그러나 특정 상황과 사용 사례에서 모든 단계가 필요한 것은 아니다. 이제 각 단계를 알아보자.

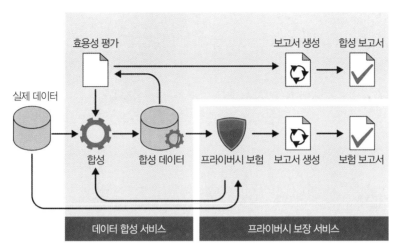

**그림 2-14** 데이터 합성 프로세스의 전체 과정[5]

실제 데이터에서 합성 데이터를 생성하는 경우에는 실제 데이터에서 시작해야 한다. 실제 데이터는 (a) 개별 수준 데이터셋(또는 상황에 따라 가구 수준 데이터셋), (b) 모집단의 특성을 나타내는 요약 및 교차 분석과 함께 집계된 데이터 또는 (c) 세분화된 데이터와 집계 데이터가 조합된 데이터일 수 있다. 예를 들어, 실제 데이터는 공개 데이터이거나 생산 시스템에서 전송되는 비공개 데이터일 수 있다.

합성 과정 자체는 결정 트리<sup>decision tree</sup>, 딥러닝 기법<sup>deep learning techniques</sup>, 반복 비례 적합<sup>iterative proportional fitting</sup> 등 다양한 기법을 사용해 수행한다. 실제 데이터가 존재하지 않는다면 기존 모델이나 시뮬레이션을 데이터 합성에 사용할 수 있다. 정확한 선택은 해결할 구체적인 문제와 원하는 데이터 효용성 수준에 달려있다.

효용성 평가는 다양한 상황에서 수행돼야 한다. 이로써 데이터 소비자는 데이터 효용성이 허용됨을 확신하게 되며 합성된 데이터는 신뢰를 구축하게 된다. 효용성 비교는 다양한 유사성 지표로 공식화해서 반복하고 자동화할 수 있다.

효용성 평가에는 두 가지 단계가 있다. 첫째 단계는 실제 데이터와 합성 데이터에서 계산된 매개변수를 일반적으로 비교하는 것이다(가령 분포와 이변량 상관관계의 비교). 이는 합성 프로세스의 '스모크 테스트<sup>smoke test</sup>'로 작용한다. 둘째 단계는 더 많은 작업부하 인식<sup>workload-aware</sup>

**5** 저작권은 Replica Analytics Ltd.에 있으며 그들의 허가를 받고 인용했다.

효용성 평가다.

작업부하 인식 효용성 평가에서는 가능하다면 실제 데이터에 수행할 분석과 비슷한 유형의 분석을 합성 데이터에도 수행한다. 예를 들어 다변량 예측 모델을 구축하는 데 실제 데이터를 사용할 경우, 효용성 평가에서는 합성 데이터셋에 구축된 예측 모델의 상대적 정확도를 검사할 것이다.

합성 데이터가 개인과 관련되고 잠재적인 프라이버시 문제가 있는 경우, 프라이버시 보장 평가도 수행해야 한다. 프라이버시 보장은 실제 사람들이 합성 데이터의 기록에 얼마나 매칭되는지와, 정확하게 매칭된다면 그로부터 얼마나 많은 정보를 얻기 쉬운지를 평가한다. 위험을 경험적으로 평가하기 위해 몇 가지 프레임워크가 개발됐다.

프라이버시 보장 평가에서 프라이버시 위험이 증가하는 것이 증명된다면, 합성 프로세스 내 매개변수의 일부를 변경할 필요가 있다. 예를 들어 생성 모델을 훈련하기 위한 훈련 종료 기준을 조정할 필요가 있는데, 이것을 정하지 않는다면 모델은 과적합되고 합성 레코드가 실제 레코드와 상당히 비슷해지기 때문이다.

효용성 평가는 지정한 효용성 수준이 허용될 수 있다는 증거를 제공하기 위해 문서화할 필요가 있다. 데이터 분석가는 자신이 다루고 있는 데이터에서 효용성 신뢰도를 얻길 원할 것이다. 그리고 규정 준수를 이유로 프라이버시 보장 평가도 문서화해야 한다.

실제로 데이터 생성은 매번 효용성 평가를 포함하므로 [그림 2-14]처럼 '데이터 합성 서비스'로 함께 묶는다. 프라이버시 보장은 여러 합성 프로젝트에서 수행될 수 있는데, 왜냐하면 그 결과가 다른 비슷한 데이터셋에도 유효해 보이며 합성 데이터 생성 방법론 전반에 적용될 수 있기 때문이다. 따라서 [그림 2-14]의 별도의 '프라이버시 보장 서비스' 구성요소에 통합됐다.

앞에서 설명한 활동은 입력된 실제 데이터를 합성할 준비가 됐다고 가정한다. 실무에서는 실제 데이터를 합성하기 전에 데이터를 준비해야 한다. 데이터 준비는 합성 프로젝트에서만 하는 것이 아니지만, 강조할 중요한 단계다.


## 2.4.2 데이터 준비

실제 데이터에서 합성 데이터를 생성할 때, 실제 데이터로 시작하는 데이터 분석 프로젝트와 마찬가지로 데이터 준비가 필요하며, 이는 전체 프로세스의 일부가 돼야 한다.

데이터 준비 단계에서 할 일은 다음과 같다.

- 데이터 오류를 제거하기 위한 데이터 정리
- 모든 분야가 일관된 코딩 체계를 사용하고 있는지 확인하기 위한 데이터 표준화
- 여러 소스의 데이터에서 이름 또는 단위가 다르지만 같은 범주로 묶을 수 있는 필드를 매핑하는 작업을 위한 데이터 조화harmonization(가령 필드 이름과 유형에 관계없이 데이터의 모든 '연령' 필드를 '연령' 필드로 인식하기)
- 여러 소스의 데이터 연결: 합성으로 생성된 데이터가 실제 사람과 일치하지 않기 때문에 합성 데이터를 연결할 수 없으므로 모든 연결은 사전에 이루어져야 한다.

데이터를 합성해서 생성한 데이터는 입력 데이터의 질적 상태를 고스란히 반영한다. 일반적으로 데이터 분석은 정제한 데이터로 해야 하고, 합성은 분석의 일종이므로 합성 프로세스 전에 데이터를 정화하는 것이 오히려 더 쉽다. 지저분한 데이터는 효용성 평가 프로세스를 왜곡하고 합성 모델을 훈련하는 데 더 오래 걸릴 수 있다. 더욱이 파이프라인에 대한 다음의 논의와 같이, 동일한 실제 데이터셋에 데이터 합성이 여러 번 발생할 수 있으므로 합성에 앞서 데이터 품질 문제를 해결하는 것이 훨씬 손쉬운 방법이다.

실제 데이터는 구조 미발생structural zeros(데이터에서 값이 0이 될 수 없는 곳에 0값이 있다. 즉 0은 데이터 수집 아티팩트가 아니다)과 같은 확실한 결정론적 특성을 지닐 것이다. 예를 들어, 다섯 살짜리 아이는 임신할 수가 없기 때문에 다섯 살짜리에게 '임신'값은 항상 NULL이다. 또한 체질량지수(BMI)는 키와 몸무게에서 도출하는 결정론적 계산이다. 즉, 키와 몸무게에서 BMI를 도출하는 데 아무런 불확실성이 없다는 뜻이다. 데이터 합성 프로세스는 특성을 포착하고 이를 다룰 필요가 있다. 특성은 충족될 일련의 규칙으로 지정되거나 합성이 끝난 후에 합성 데이터에 적용되는 수정 규칙으로 지정될 수 있다. 이렇게 하면 합성된 데이터는 높은 논리적 일관성을 유지할 것이다.

데이터 합성을 구현할 때 고려할 핵심은 데이터 구조나 파이프라인 내에서 데이터 합성을 통합하는 방법이다. 다음 절에서는 이 문제를 해결하고 몇 가지 공통 파이프라인을 제공한다.

## 2.5 데이터 합성 파이프라인

AIML 프로젝트를 위해 데이터 분석가가 데이터를 취득하기까지 데이터 흐름을 이해하는 것은 데이터 흐름에서 데이터 준비와 데이터 합성이 구현돼야 하는 위치를 결정할 때 중요하다. 이 내용은 몇 가지 사례를 들어 설명하는 것이 가장 쉽다. 이 모든 사례는 다양한 산업(의료, 금융 서비스 등)의 실황을 나타낸다.

비교적 복잡하지 않은 한 가지 설정은 단일 생산production 데이터셋 또는 단일 데이터 소스가 있는 경우다. 이 경우 데이터 흐름은 [그림 2-15]와 같이 간단하다. 합성 데이터를 제공받는 분석가들은 그 데이터를 내부적으로 연구하거나 외부 당사자들과 공유할 수 있다.

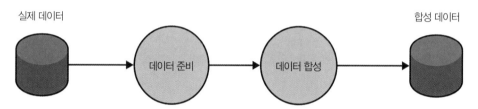

**그림 2-15** 생산 환경에서 데이터 합성

데이터 소스가 다른 조직에 있다면 상황은 더 복잡해진다. 예를 들어, 데이터를 금융 기관에서 분석 컨설팅 업체나 분석 공급업체로 보낼 수 있다. 이는 [그림 2-16]의 데이터 흐름에 설명했다.

데이터 분석가/데이터 소비자는 데이터 흐름하에서 실제 데이터를 처리하는 권한이나 통제장치가 없기 때문에(가령 개인의 재무 정보 식별) 데이터 합성을 수행하지 않는다. GDPR과 같은 현대의 데이터 보호 규정에 따르면, 개인적으로 식별하는 정보를 처리할 의무와 위험은 막중하다. 따라서 데이터 분석가/데이터 소비자가 데이터 공급자나 신뢰할 수 있는 제삼자third party에게 데이터 합성을 수행하게 함으로써 의무를 회피할 수 있다면, 이는 더 바람직한 방법이다.

세 가지 일반적인 시나리오가 있다.

 (a) 데이터 작성과 데이터 합성을 모두 데이터 공급자가 수행하는 경우

 (b) 신뢰할 수 있는 제삼자가 두 가지 작업을 모두 수행하는 경우

 (c) 데이터 공급자가 데이터를 준비하고 신뢰할 수 있는 제삼자가 데이터를 합성하는 경우

이러한 맥락에서 신뢰할 수 있는 제삼자는 실제 데이터를 처리하는 권한과 통제권을 가진 독립된 엔티티가 될 것이다.

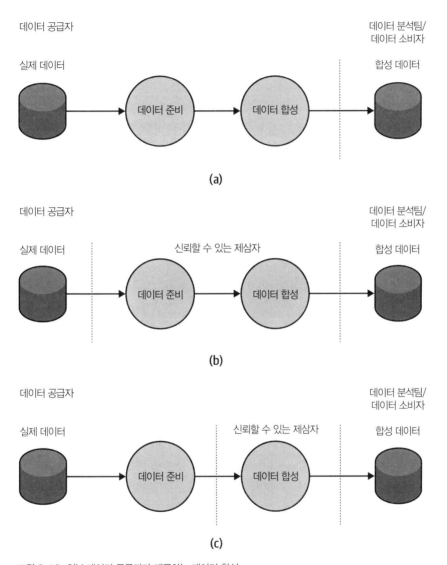

그림 2-16 외부 데이터 공급자가 제공하는 데이터 합성

여기서 살펴볼 데이터 흐름의 마지막 사례는 데이터 소스가 많은 경우로, [그림 2-16]에서 살펴본 사례들을 확장한 것이다. [그림 2-17]에 표시된 첫 번째 데이터 흐름에서 데이터는 여러

데이터 공급업체에서 제공한 소스에서 합성한다. 예를 들어 공급업체는 은행이나 약국이며, 제공받은 데이터를 취합하여 분석 회사에 보내서 풀링하고 모델을 구축한다. 이와 달리 의료 소프트웨어 개발자라면 데이터 공급업체가 수행한 합성을 이용하여 소프트웨어를 설치한 모든 고객으로부터 실제 데이터를 중점적으로 수집할 것이다. 데이터 분석가가 합성된 데이터를 취득하면 실제 데이터 작업에 대한 보안 및 개인 정보 보호 의무를 준수할 필요 없이 AIML 모델을 구축할 수 있다.

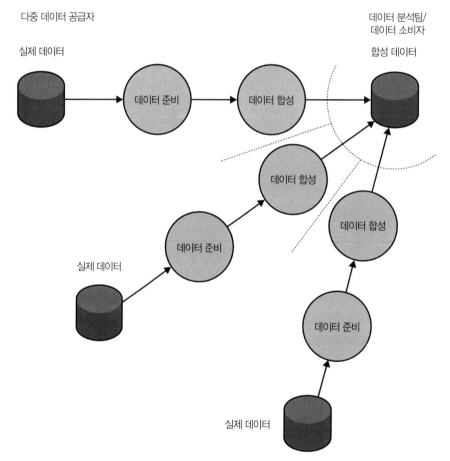

**그림 2-17** 다양한 외부 데이터 공급자가 제공하는 데이터 합성

데이터 소스가 여러 곳인 또 다른 데이터 흐름은 그들 모두를 대신해 데이터를 준비하고 합성해줄 신뢰할 수 있는 제삼자를 이용하는 것이다. 합성은 개별 데이터 공급자의 데이터에 수행

할 수 있고, 데이터를 먼저 풀링한 다음 풀링한 데이터에 수행할 수도 있다. 정확한 설정은 데이터의 특성과 데이터가 제삼자에게 도착하는 간격에 따라 달라진다. 이 내용은 [그림 2-18]에 제시했다.

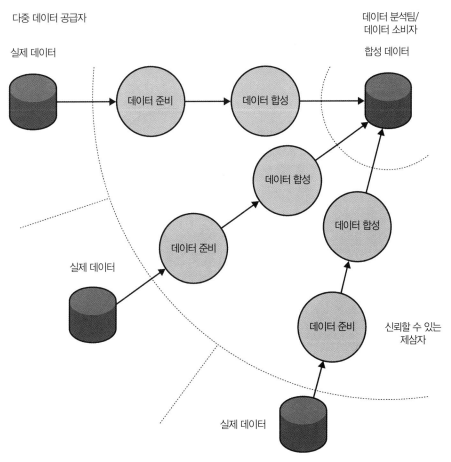

**그림 2-18** 데이터 준비와 합성을 수행하는 신뢰할 수 있는 제3자의 업체를 통해 여러 외부 데이터 공급자에게서 취득한 데이터 합성하기

[그림 2-19]에서 보듯이, 우리가 고려할 최종 데이터 흐름은 앞서 데이터를 신뢰할 수 있는 제삼자에게 보내기 전에 데이터 준비가 소스에서 수행되는 흐름의 변형이다.

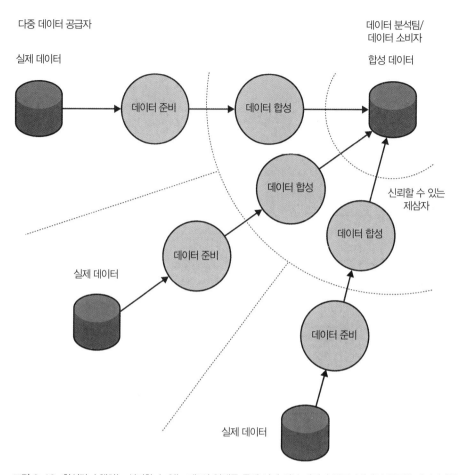

**그림 2-19** 합성만 수행하는 신뢰할 수 있는 제3의 업체를 통해 여러 외부 데이터 공급자에게서 취득한 데이터 합성하기

특정 상황에서 정확한 데이터 흐름은 다음과 같은 여러 요인에 따라 달라질 수 있다.

- 데이터 소스의 개수
- 실제 데이터를 처리하고 모든 규제 의무를 충족하기 위한 데이터 분석가/데이터 소비자의 비용과 준비 상태
- 작업을 수행할 자격을 갖추고 신뢰할 수 있는 제삼자의 가용성
- 데이터 공급업체가 자동화된 데이터 준비와 데이터 합성 프로세스를 구현하는 능력

데이터 합성은 대규모 조직에서 확장될 수 있으며 여러 사업부나 고객 요구를 충족하는 광범위한 구조의 일부가 돼야 한다. 이 확장성을 지원하는 프로그램 관리의 개념을 다음 절에서 제시한다.

## 2.6 합성 프로그램 관리

데이터 합성이 조직에서 데이터 파이프라인의 핵심이 되면서 데이터 합성 작업의 반복과 확장 가능성을 보장하는 전사적 구조가 필요해졌다. 여기서 확장이란 여러 내부 사업부에서 데이터 합성을 사용하거나 여러 고객이 사용하는 기능으로서 데이터 합성을 의미하며, CoE<sup>center of</sup> <sup>excellence</sup>에 의해 프로그램 수준에서 지원될 수 있다.

합성 CoE는 조직이 합성 데이터를 생성하기 위해 전문 지식과 기술을 중앙집중화하는 메커니즘이다. 대규모 조직에서 중앙집중화는 시간에 따른 학습(더 짧은 피드백 루프)을 보장하고 프로젝트와 데이터셋에 걸쳐 방법론을 표준화하며 필요한 기술, 계산 역량과 관련해 규모의 경제가 활성화되기 때문에 유익하다.

CoE는 단일 조직이나 같은 공간에서 활동하는 회사들의 컨소시엄에 서비스를 제공할 수 있다. 합성 데이터의 최종 사용자가 내부 사용자일 수 있으며, CoE는 적절한 합성 데이터를 고객에게 제공해서 분석 도구를 구현할 때 고객을 지원할 수도 있다.

CoE를 운영하는 사람들이 갖춰야 하는 기술은 합성 데이터를 생성하고 프라이버시 보장을 수행하는 기술, 비즈니스 분석 기술을 망라해 사용자 요구사항을 이해하고 그것을 합성 사양으로 변환하는 기술이다. 무엇보다, 분석가가 합성 데이터를 사용하도록 전환하게 되면 그들에게 약간의 교육과 일련의 효용성 평가를 제공해야 하기 때문에 변경 관리가 핵심이 된다는 사실이 중요하다.

---

### 분석 서비스 공급자의 CoE

ConsultingCo는 다양한 고객에게 경영 컨설팅 서비스를 제공한다. 몇 년 전 이 회사는 고객이 데이터 분석 역량(가령 데이터 찾기, 데이터 구성, 데이터 정리, AIML 모델 구축 등)을 구축하도록 도움으로써 고객을 지원하는 데이터 분석 사업을 만들고 실제 모델 구축을 진행했다. 큰 어려움 하나는 프로세스 초기에 데이터를 가져오는 것이었다.

고객은 계약할 때 모든 데이터 자산과 해당 데이터의 품질을 완전히 회계 처리하지 못하는 경우가 종종 있었다. 또 데이터를 이차 분석하는 합법적인 근거에 대한 의문도 있었다. 문제를 더 복잡하게 만든 것은 분석의 가치가 입증되기 전에 데이터를 공유하거나 분석에 사용할 수 있도록 하는 투자를 꺼리는 비즈니스 쪽 내부의 거부감이었다.

ConsultingCo의 데이터 합성팀은 분석가가 고객이 이용할 수 있는 데이터 사용의 가치를 입증하도록 계약 초기에 합성 데이터를 제공하고, 구축된 모델이 비즈니스 의사결정에 어떻게 정보를 제공하는지 보여준다. 합성 데이터는 실제 데이터 없이 생성되거나 실제 데이터의 작은 표본을 기반으로 생성된다.

프로세스를 시작할 때 가치를 입증할 수 있다면, 데이터 구매를 촉진해서 조직 내에서 데이터를 원활하게 취득, 정제, 사용힐 수 있다. 합성 CoE로 계약의 싱공 확률이 높아지므로 컨실팅 회사는 경쟁 우위를 점하게 된다.

데이터 합성은 많은 조직에서 새로운 방법론이 될 것이다. 어떤 것이든 데이터 분석 방법과 기술을 도입하면 조직의 변화가 수반되는 반면, 데이터 합성을 채택하면 구현하는 과정에서 몇 가지를 고려하면 된다. 다음 장에서는 독자들이 이 접근법을 기꺼이 채택하는 데 도움될, 데이터 합성의 모범 구현 사례를 설명한다.

## 2.7 요약

2장에서는 데이터 합성이 조직의 우선순위에 부합한지 평가하는 의사결정 프레임워크를 제시하고, 이어서 이 구현에 사용할 수 있는 흐름과 파이프라인도 설명했다. 그리고 규모에 맞게 구현한 합성으로 프로그램을 관리할 때 실질적으로 고려해야 할 몇 가지 사항으로 마무리했다. 이 세 가지 시항은 구현히는 기업에 중요히다.

여기까지 도달한 후에는 높은 수준의 구현 로드맵과 데이터 접근이 가능하도록 데이터 합성을 위한 비즈니스 사례의 몇 가지 핵심 요소를 갖추어야 한다. 이어지는 장들에서는 데이터 합성 방법론과 기술에 초점을 두고 관련 내용을 자세히 살펴본다.

# CHAPTER 3

# 시작: 분포 적합

데이터 합성 프로세스에서 생각해볼 내용을 간단히 말하자면, 우리가 실제 데이터의 분포와 구조 두 가지 모두를 모델링하려 한다는 것이다. 그 모델에 기초해서 원본 데이터의 특성을 유지하는 합성 데이터를 생성할 수 있다. 3장에서는 데이터 합성 프로세스의 첫째 단계인 분포 모델링을 다룬다. 이 방법을 설명하고 나서 데이터 구조 모델링으로 넘어가겠다.

분포 모델링을 다루려면 알려진 분포(또는 정규 분포와 지수 분포와 같은 '고전적' 분포)에 개별 변수를 적합시키는 방법부터 이해해야 한다. 그 방법을 알면, 원본 데이터와 동일한 특성을 가진 분포로부터 데이터를 생성할 수 있다.[1]

그다음 단계는 '비고전적' 분포 모델링을 하는 것이다. 일부 실제 데이터나 실제 현상은 고전적 분포를 따르지 않으므로, 이와 같은 데이터도 합성할 수 있기를 원한다. 따라서 여기서는 머신러닝 모델에 어떻게 비정형 데이터 분포를 적합시킬 수 있는지 개략적으로 설명한다.

## 3.1 데이터 프레임

모든 데이터 분석 작업은 데이터 프레임으로 변환해야 하는 데이터 더미[2]를 다루는 일로 시작

---

**1** Chong K. Liew, Uinam J. Choi, and Chung J. Liew, "A Data Distortion by Probability Distribution," ACM Transactions on Database Systems 10, no. 3 (September 1985): 395–411.

**2** 옮긴이_ '많은 물건이 한데 모여 쌓인 큰 덩어리'를 의미한다.

한다. 데이터 프레임은 레코드라고도 알려진 각 행으로 표현되는 데이터의 완전하고 독립적인 데이터 표다. 변수 또는 필드라고도 하는 각 열은 레코드의 세부 설명을 담고 있다. 열의 모든 필드는 데이터 유형이 동일해야 한다.

데이터 프레임을 만들기는 힘들다. 열$^{column}$을 예상 데이터 유형으로 결합해야 하고, 오류와 예외는 제거해야 하며, 관계 데이터는 조인해서 프레임으로 펼쳐야 하고, 결측 데이터는 추정, 외삽, 중화 또는 제거해야 한다. 이를 위해서는 데이터 안에 들어있지 않은 데이터에 대한 지식, 특히 무엇을 예상해야 하는지에 대한 지식이 필요하다. 데이터를 준비한다면 인공지능으로 대체되는 일은 없을 것이다.

일단 데이터의 틀이 잡히면, 토마스 베이즈의 확률에서부터 오늘날 가속화되고 있는 가상 세계와 머신러닝에 이르기까지 지난 300년 동안 개발된 상당량의 분석 기법을 도구 삼아 데이터를 해부할 수 있다. 이 기법으로 데이터 프레임의 분포와 확률을 모델링하고, 미래 값을 예측하며, 데이터 프레임이 얼마나 많은 정보를 담고 있는지 측정하고, 생성한 데이터 모델 주변의 오류를 추정하며, 실시간으로 데이터를 최적화해주는 통제 전략을 만들 수 있다. 신나는 일이 너무 많다.

그러나 이 책의 주제는 익명성이라는 새로운 관점을 제시하는 데이터 합성이다. 실제 데이터의 분포를 모델링한 다음 그에 잘 맞는 합성 데이터를 만들어야 할 뿐만 아니라, 합성 데이터를 가지고 원본 데이터를 파악할 수 없게 해야 한다. 프라이버시 질문을 다룬 자세한 내용은 이 책의 후반부에서 볼 수 있다.

일단 데이터 프레임을 갖게 되면, 그 안에 있는 필드의 분포를 이해하고 모델링해야 한다.


## 3.2 데이터 분포 유형

개별 데이터 변수들은 여러 가지 유형과 분포를 가진다. 여기서는 가장 일반적인 유형을 설명한다.

음의 무한대부터 양의 무한대까지를 범위로 하는 무한 실수, 예를 들어 가우스 분포나 정규 분포는 [그림 3-1]과 같이 난수와 함께 더해져서 적용되는 경향이 있다.

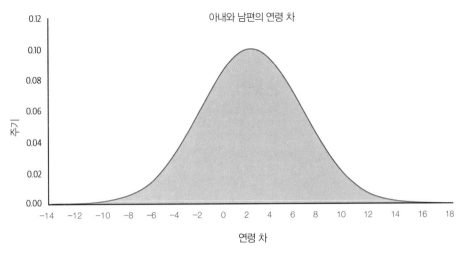

**그림 3-1** 남편과 아내의 연령 차를 나타내는 정규 분포

상한과 하한이 확실한 경계 실수, 예를 들면 0 ~ 1 또는 이와 동등하게 0 ~ 100% 범위를 가지는 베이즈 확률이다. 이 경계 실수는 [그림 3-2]와 같이 추정 확률이나 신뢰 수준을 표현하는데 유용하다.

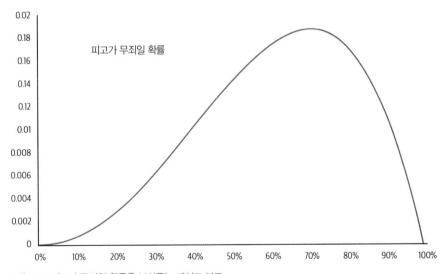

**그림 3-2** 피고가 무죄일 확률을 보여주는 베이즈 분포

음이 아닌 정수는, 예를 들면 [그림 3-3]과 같이 0 ~ n 범위의 사건 카운트를 나타내는 푸아송 Poisson 분포다.

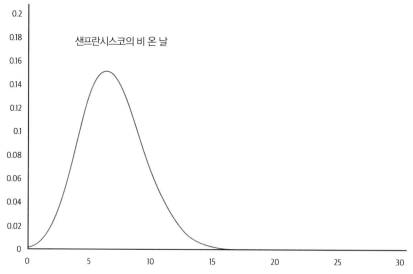

**그림 3-3** 샌프란시스코의 비 온 날 수를 나타내는 푸아송 분포

정수이거나 실수이고 곱셈 효과[3]가 있는 물리적 시스템을 반영하는 경향이 있는 로그 분포 logarithmic distributions는, 예를 들면 [그림 3-4]와 같이 벤포드Benford의 계좌 번호에 있는 첫 번째 숫자 분포에서 나타난다.

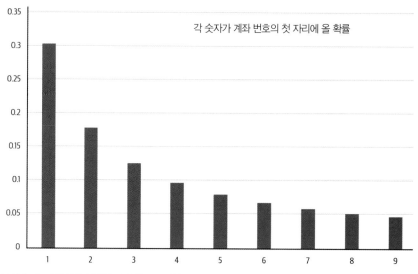

**그림 3-4** 계좌 번호 분포를 나타내는 로그 분포

---

**3** 옮긴이_ 부호가 바뀌지는 않지만, 대상의 크기가 증가되거나 감소되는 효과가 있을 경우를 말한다.

[그림 3-5]와 같이 일련의 독립적인 실험에서 성공한 횟수를 모델링하는 이항 정수는, 예를 들면 10번 동전 던지기에서 앞면이 나올 확률이다.

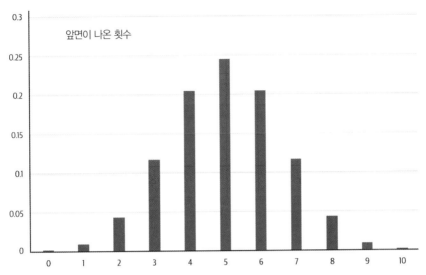

**그림 3-5** 동전을 10번 던졌을 때 특정 면이 나온 횟수를 나타내는 이항 분포

물리적 현실에 기반한 비고전적 분포는, 예를 들면 [그림 3-6]의 병원 퇴원 데이터다. 이는 미국의 특정 주에 있는 병원에서 퇴원한 개인의 연령 분포를 보여준다.

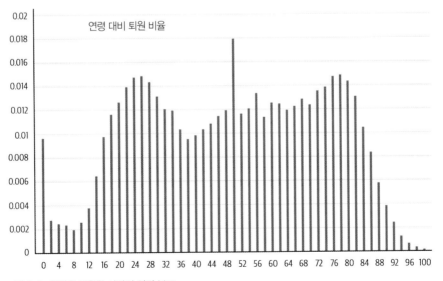

**그림 3-6** 병원을 퇴원한 사람의 연령 분포

요인 데이터factor data 또는 범주 데이터category data에는 [그림 3-7]과 같이 일정한 범주가 있다.

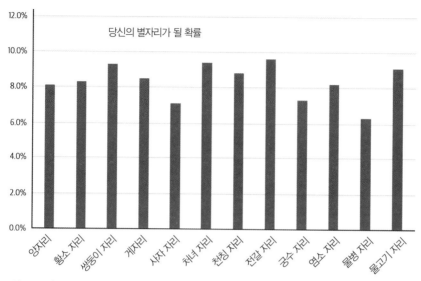

**그림 3-7** 당신의 별자리가 특정한 점성술 기호에 있을 확률을 나타내는 요인 분포의 예

요인 데이터는 다른 요인과의 관계가 선형적이지 않기 때문에 다른 유형의 데이터와 비교해볼 때 다음과 같은 차이점이 있다.

- 순서sequence가 있기도 하다: 출생, 결혼, 사망 사건이 그 예이며, 이때 두 번째 결혼은 선택사항이어서 아예 없거나 여러 번 발생할 수 있다.
- 준시퀀스quasi-sequence가 있기도 하다: 일요일, 월요일, 화요일 … (공휴일로 가득하기를!)
- 순서가 없기도 하다: 빨강, 녹색, 파랑 …

확립된 분석 기법으로 작업하려면 요인 데이터를 숫자로 변환해야 한다. 일반적인 접근법은 요인을 여러 개의 변수로 나누는 방식을 사용한다. 각 요인당 해당 요인이면 1을 포함하고 그렇지 않으면 0을 포함한다(이를 원핫 인코딩[4]이라고도 한다). 이 접근법은 행렬 역변환이 실패할 수 있는 다변량 회귀 분석과 같은 일부 분석 기법에서는 제외된다. 그러나 좀 더 발전된 신경망 모델링 기법에서 이 접근법을 사용하면 결과가 0~1 범위에 있고 특정 요인이 옳을 확률을 나타낸다는 장점이 있다.

--------

**4** 옮긴이_ 보통 n차원 벡터로 나타낸다.

이 접근법은 범주가 많을 경우 데이터셋에 많은 수의 새로운 변수가 추가된다는 문제가 있다. 효율적인 대안은 이진수 인코딩으로, 각 요인을 이진수 등가로 인코딩하는 것이다. 예를 들어, 만약 사용 가능한 값이 5개 있다면 세 번째 값은 '011'로 인코딩된다.[5]

시계열 데이터에는 현재 레코드에 대한 확률 분포가 이전 측정에 따라 달라지는 순차 측정 레코드가 담긴다. 옐로스톤 국립공원의 올드 페이스풀Old Faithful 간헐천의 분출과 관련된 시간은 데이터 사이언스 강좌에서 자주 언급되는 사례로, [그림 3-8]에 설명했다.

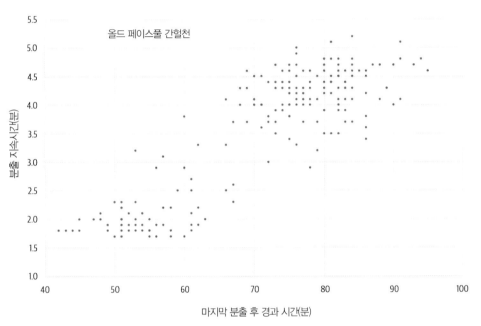

**그림 3-8** 올드 페이스풀 간헐천의 분출 모델링

마찬가지로 금융시장에서도 이전 값 대비 가격 변동폭은 매우 중요하다. 최근 5년간 다우존스 산업평균지수(DJIA)는 [그림 3-9]에서 볼 수 있다.[6]

---

**5** 옮긴이_ 5개의 변수가 있을 경우 원핫 인코딩에서 나타나는 크기는 5이지만, 이진수로 나타내면 이를 3개로 줄일 수 있다. 공간이 절약되는 장점이 있다.

**6** 이 책의 최종 편집 당시 시장 상황이 급변했다. 그러므로 이 예시는 좋았던 옛 시절을 보여줄 뿐이다.

**그림 3-9** 금융시장 시계열

그런데 실제 주가가 얼마인지 관심이 있을까? 사람들은 투자한 주식의 가격이 매입 시점 대비 얼마인지가 궁금할 뿐이다. 그렇다면 다음과 같은 질문이 생긴다. 가격 변동폭을 예측하기 위해서는 어떤 기간의 시계열 정보 데이터가 필요할까? 시간이 지나면서 데이터 품질이 떨어질까?

[그림 3-10]과 [그림 3-11]의 차트는 [그림 3-9]의 데이터에 기반해(또는 재계산해) 시간에 따른 백분율 변화로 보여주며 데이터 잠식[7] 페널티를 나타낸다. (그리고 단기 투자보다는 장기적 관점의 교훈을 준다!)

---

**7** 옮긴이_ 원문에서는 "erosion"이다. 경제학에서 가치가 떨어진 상태를 의미하는 용어로, 여기서는 선택한 특정 기간 외의 데이터를 의미하는 듯하다.

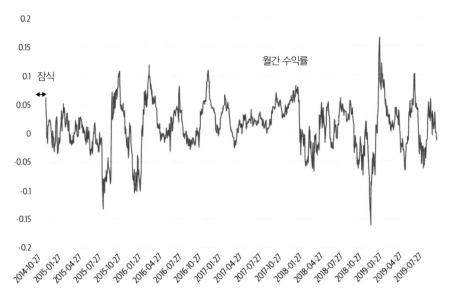

**그림 3-10** 다우존스 데이터에 기반한 일개월 수익률

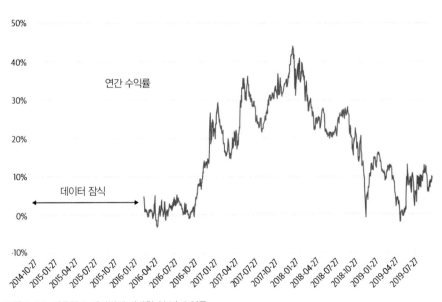

**그림 3-11** 다우존스 데이터에 기반한 일 년 수익률

시계열 데이터는 다음과 같은 상황 때문에 분석하기가 더 안 좋아진다. 종단면 데이터<sup>longitudinal</sup> data (가령 시스템이나 장비 등의 유지를 위한 유지 점검 기록이나 의사 방문 시기)는 산발적인

간격으로 수집되지만 명확한 순서로 발생하며, 이 장의 주제를 벗어난 마르코프 체인<sup>Markov chain</sup>으로 모델링할 수 있는 간헐적 레코드로 구성된다.

마지막으로, 트위터 피드나 의사의 노트와 같은 비정형 데이터는 어떤 식으로든 구조화할 수 있는 경우에만 실제로 적용할 수 있다. 다시 한번 이 장의 주제를 벗어난 예를 들면, 감정 지표를 만들기 위해 키워드를 사용하는 것이다.

## 3.3 실제 데이터에 분포 적합시키기

개별 변수에 분포(일변량 분포)를 적합시키는 것은 표면적으로는 상당히 간단하다. 오차 제곱과 같은 오차 함수로 분포가 실제 데이터에 얼마나 가까운지 측정할 수 있다. 도수 분포<sup>frequency distribution</sup> 함수는 매개변수화된 방정식이다. 예를 들어 가우스 분포에는 평균과 표준편차 매개변수가 있다(머신러닝 모델에는 신경망 가중치가 있다). 적합은 오류 함수를 최적화하는 매개변수를 찾는 것이며, 이를 수행하는 최적화 알고리즘이 많이 있다.

그러나 일변량 분포 모델링으로는 충분하지 않은 경우가 많다. [그림 3-12]와 같이 올드 페이스풀 간헐천 사례로 돌아가서 각 변수의 축을 따라 확률 밀도를 그려보자.

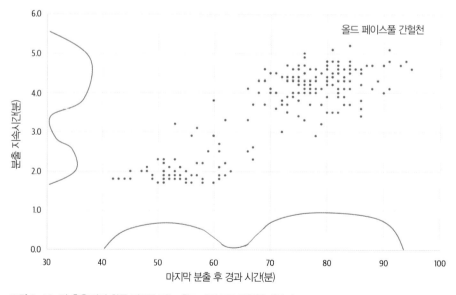

**그림 3-12** 각 축을 따라 확률 밀도를 갖는 올드 페이스풀 간헐천 데이터

분포에 따라 맹목적으로 합성 데이터를 생성한다면, 합성된 데이터는 [그림 3-13]과 같이 의도하지 않은 고밀도 타원을 이룰 것이다.

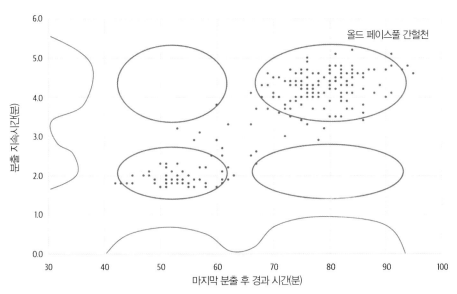

**그림 3-13** 고밀도 타원을 가지는 올드 페이스풀 간헐천 데이터

여기서 정말 필요한 것은 [그림 3-14]와 같이 두 변수를 동시에 고려하는 '다변량 확률 분포'다.

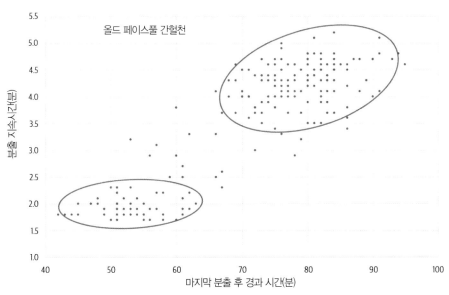

**그림 3-14** 다변량 분포의 합성을 나타내는 올드 페이스풀 간헐천 데이터

두 변수를 함께 고려함으로써 고밀도의 의도하지 않은 타원을 제거할 뿐만 아니라 원하는 타원이 회전할 수 있도록 했다는 점을 주목해보기 바란다.

## 3.4 분포로부터 합성 데이터 생성

적합된 분포가 알려져있거나 고전적 분포이고 적합 프로세스에서 분포 매개변수를 결정한 경우, 몬테카를로 방법으로 합성 데이터를 생성할 수 있다. 즉, 데이터는 단지 분포로부터 샘플링된다.

비고전적 분포로부터 합성 데이터를 생성하는 단순한 접근법brute-force approach이 있다. 즉, 데이터가 존재하는 범위에 걸쳐 또는 확률에 따라 고르게 랜덤화된 데이터포인트를 생성하고 분포의 적합성이 개선되는지의 여부에 따라 이를 채택하거나 거부하면 된다.

더 정교한 방법, 가령 히스토그램 평활화histogram equalization로 균일한 랜덤 데이터에서 분산된 합성 데이터를 생성하는 방법이 있지만, 컴퓨팅 용량이 충분하다면 단순하게 유지하는 것이 가장 쉬운 방법이다.

### 3.4.1 합성 데이터의 분포 적합성 측정

데이터셋 내의 단일 변수에 대한 확률 분포가 얼마나 잘 맞는지를 평가하는 척도가 몇 가지 있다. 예를 들어 카이−제곱 척도와 콜모고로프−스미르노프Kolmogorov-Smirnov(KS) 테스트다.

KS는 특히 누적 확률과 누적 데이터 카운트의 차이를 보기 때문에 데이터의 실제 분포에 상당히 견고robust하다. 확률의 누적 분포가 [그림 3−15]에 있는 [그림 3−6]의 샘플 데이터와 이차 분포를 따른다고 가정하자.

KS값은 본질적으로 두 곡선 사이의 면적이다. 면적이 작을수록 데이터에 더 적합하다.

KS 접근법을 다차원까지 확장하는 작업은 까다롭다. 전체 공간 볼륨 내에서 작은 포켓을 차지하는 희소 데이터셋으로 다양한 유형의 여러 변수에 걸쳐 누적을 정의하는 것은 쉽지 않다.[8] 한

---

8 옮긴이_ 변수별 희소 구간이 제각각 다를 것이기 때문이다.

가지 접근법은 데이터가 존재하는 영역으로 측정을 제한해서 중요한 데이터의 가이드로 희소 데이터셋을 사용하는 것이다.

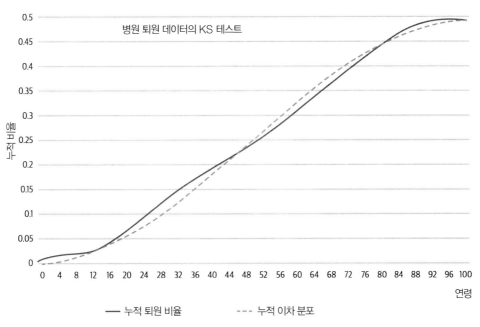

**그림 3-15** 퇴원 데이터의 KS 테스트

## 3.4.2 과적합 딜레마

퇴원 비율을 다시 살펴보자. [그림 3-16]의 빨간색 선은 세 가지 변수에 기초한 이차 적합선이며 51개의 데이터포인트 분포를 일반화한 것이다.

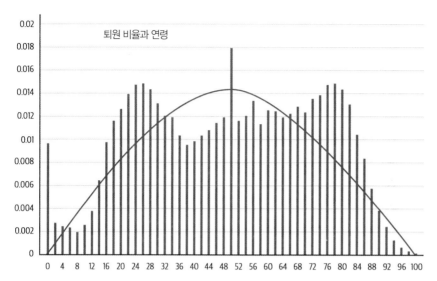

**그림 3-16** 최적의 표준 분포를 보이는 퇴원 데이터

변수가 더 많은 모델로 적합도를 개선할 수 있다. 예를 들어 스플라인으로 [그림 3-17]과 같이
만들 수 있다.

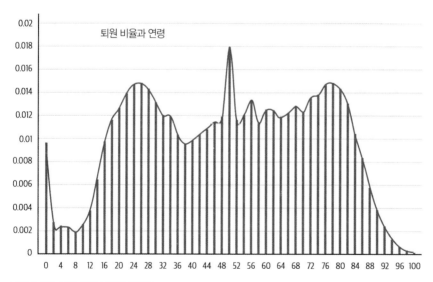

**그림 3-17** 퇴원 연령 분포의 과적합

모든 데이터포인트를 만족하는 분포가 만들어졌다. 이것은 좋은 분포라고 할 수 있을까? 예를 들어, 50에 갑자기 정점을 찍었다는 증거가 없다는 점을 감안하면, 그것을 모델에서 합성해야 할까? 이는 표본이 나타내는 실제 분포보다는 특정 데이터셋에 필요이상으로 적합되고 있고, 이는 과적합 문제로 알려져있다. 아마도 여기서는 [그림 3-18]과 비슷한 것을 찾고 있을 것이다.

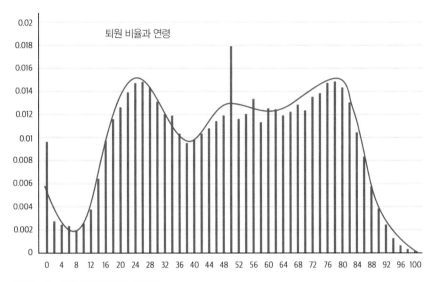

**그림 3-18** 퇴원 연령 분포에 더 적합

이 문제는 여러 분야에서 나타나며 많은 문제를 야기한다. 분석가가 이전 데이터에 맞추기 위해 애쓴 덕분에 잘 맞는 것처럼 보이는 모델은 새로운 데이터에 적용될 때 좋은 성능을 내지 못한다.

합성으로 데이터를 익명화하려는 경우 문제는 더 심각하다. 과적합은 원본 데이터를 포기하고, 훈련의 목적을 이루지 못하게 한다.

이 문제를 해결하려면 두 가지가 필요하다. 하나는 분포를 중립 지점에서 시작해 데이터에 더 가깝게 더 가까운 쪽으로 천천히 이동해서 각 단계에서 분포의 단순성과 적합도 사이에서 균형을 이루게 하는 접근법이다. 최고의 절충점에 언제 도착했는지 측정해서 방지하는 것이다.

대부분의 분포 적합성 접근법distribution-fitting approaches은 중립 상태에서 과적합된 상태로 가는 몇 가지 경로를 찾을 수 있다. 예를 들어 B-트리는 점점 더 많은 가지를 추가할 수 있고, 신경망은 가중치 가지치기weight pruning[9]나 최속 하강steepest descent[10]을 사용할 수 있으며, 방사 기저 함수는 더 많은 기저를 추가할 수 있다.[11]

최상의 절충점에 도달한 시기를 알려주는 측정을 하려면 서브 샘플링 접근법이 필요하다. 몇 단락 앞으로 돌아가서 이 내용을 어떻게 표현했는지 보자. 분석가가 이전 데이터에 맞추기 위해 애쓴 덕분에 잘 맞는 것처럼 보이는 모델은 새로운 데이터에 적용될 때 좋은 성능을 내지 못한다. 어떻게든 데이터가 나온 곳의 실제 분포를 얼마나 대표하는지 측정할 필요가 있다.

더 많은 데이터를 사용하지 않고 어떻게 이 일을 할 수 있을까? 그렇다. 이 일이 불가능하므로 우리는 차선책을 강구한다. 이 일을 하기 위해 일부 데이터(가령 저항 샘플holdout sample을 생성한다. 이때 훈련 데이터의 25% 내지는 33%가 될 수 있다)를 보류하고 나머지 데이터로 생성된 분포에 얼마나 잘 적합되었는지 살펴본다. 그러면 결과는 [그림 3-19]와 같을 것이다.

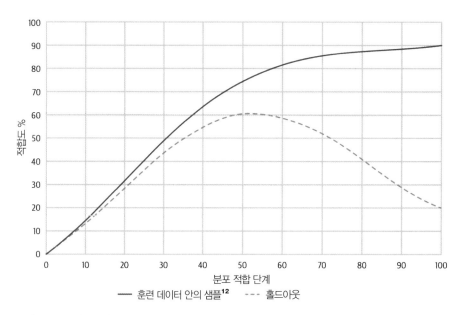

그림 3-19 모델이 데이터를 과적합시키지 않는지 확인하기

<hr />

9  옮긴이_ 모델의 크기를 줄일 때 쓰는 방법의 하나다. 간단하게, 특정 노드 사이의 연결 가중치 값이 0에 가까우면, 해당 연결은 최종 결과에 기여도가 없다고 볼 수 있다. 그러므로 이 연결을 없애도 최종 결과는 거의 달라지지 않는다고 기대할 수 있다.

10  옮긴이_ 경사 하강법의 일종이다.

11  옮긴이_ 일반적으로 이렇게 추가할수록 과적합이 더 쉽게 이루어진다고 알려져있다.

12  옮긴이_ in-sample이란 훈련셋training set에 있는 데이터 샘플을 의미한다. 훈련셋에 존재하지 않는 샘플을 out-of-sample이라 한다.

저항 샘플에 대한 적합도가 정점에 도달한 후, 훈련 데이터에 대한 적합도가 계속 개선되더라도 과적합이 발생하기 시작하면 저항 샘플에 대한 적합도는 떨어지게 된다는 점에 주목하자. 이 예에서 최적의 적합은 50단계에서 발생한다. 그런 다음 고정 샘플 없이 적합 프로세스를 반복해서 50번째 단계에서 멈추면 과적합을 방지하고 적합도와 식별 위험 간에 최적의 균형을 찾을 수 있다.

소규모 데이터셋에서는 최적의 트레이드오프 지점을 결정하기 위해 여러 개의 저항 샘플로 프로세스를 반복한다.

### 3.4.3 잡초 제거[13]

이 프로세스를 수행하면 원본 데이터를 식별할 수 있을 정도로 많은 정보를 포함하지 않으면서도 가능한 기본 구조를 유지하는 일변량 합성 데이터를 생성할 수 있다. 그러나 우연하게도 원본 데이터 중 하나에 가까운 합성 데이터가 생성될 수 있다. 따라서 최종 단계로, 이 경우에 해당하는지 확인하고 너무 가까운 임의의 데이터포인트는 합성 데이터셋에서 배제한다.

## 3.5 요약

3장에서는 먼저 고전적 분포와 실제 데이터를 어떻게 적합할 수 있는지를 살펴보았다. 많은 실제 데이터셋은 고전적 분포를 따르지 않으므로 적합된 분포와 실제 데이터가 불일치할 것이다. 머신러닝 모델을 활용해 데이터 분포를 학습할 수 있다. 이를 통해 심하게 치우치거나 비정상적 특성이 있는 다중모달$^{multimodal}$이 될 수 있는 비고전적 분포를 모델링할 수 있다. 그러나 그렇게 할 때 과적합의 위험을 인지하고 다른 데이터에서도 일반화할 수 있는 방식으로 분포를 학습하는지 확인해야 한다.

다음 장에서는 데이터 합성의 두 번째 구성요소인 데이터 구조를 모델링하는 방법을 살펴본다. 모델링의 첫째 단계는 데이터 효용성을 평가할 방법을 찾는 것이다. 좋은 데이터 구조가 무엇인지 이해하려면 좋은 데이터 구조의 개념을 정의하고 측정할 수 있어야 한다.

---

**13** 옮긴이_ 합성 데이터에 적합하지 않은 데이터를 제거하는 것을 잡초 제거에 비유했다. 원 제목은 'A little light weeding'이다.

# CHAPTER 4

# 합성 데이터의 효용성 평가

합성 데이터를 광범위하게 사용하고 채택하게 하려면, 합성 데이터가 원본 데이터의 분석 결과와 유사한 분석 결과를 낼 만큼 효용성이 높아야 한다. 이것이 1장에서 논의한 신뢰 구축 훈련 trust-building exercise이다. 만약 합성 데이터가 어떻게 사용될지 정확히 안다면, 목적에 맞게 효용성이 높은 데이터를 합성할 수 있다. 예를 들어 합성 데이터에 수행할 통계 분석이나 회귀 모델의 특정 유형이 알려져있다면 말이다. 그러나 실제로 합성기는 대개 합성 데이터로 수행할 분석의 선례를 모두 알지는 못한다. 그러므로 합성 데이터가 사용의 폭을 넓히려면 효용성이 높아야 한다.

4장에서는 합성 데이터에 사용할 수 있는 데이터 효용성 프레임워크를 개략적으로 설명한다. 공통 데이터 효용성 프레임워크는 다음과 같은 점에서 유익할 것이다.

- 높은 데이터 효용성에 도달하기 위해 생성 방법을 최적화하는 데이터 합성기
- 사용자가 데이터 합성 방법 중 하나를 선택해 일관되게 서로 다른 데이터 합성 접근법과 비교하기
- 데이터 사용자가 합성 데이터의 결과를 얼마나 신뢰할 수 있는지 신속하게 파악하기

다음의 세 가지 접근법으로, 사용한 합성 데이터의 효용성을 평가할 수 있다.

- 작업부하 인식 평가
- 일반적인 데이터 효용성 메트릭
- 데이터 효용성의 주관적 평가

작업부하 인식 메트릭workload-aware metrics은 데이터에서 수행할 수 있는 특정 실현 가능한 분석을 검토하고 실제 데이터와 합성 데이터의 분석 결과나 특정 매개변수를 비교한다.[1] 분석 대상은 단순한 기술 통계량부터 복잡한 다변량 모델에 이르기까지 다양하다. 일반적으로 실제 데이터에서 수행하거나 계획한 분석은 합성 데이터에서도 동일하게 수행 가능하다.

예를 들어 일반 평가에서는 원본 데이터와 변환된 데이터 사이의 차이를 고려할 것이다.[2] 이들은 종종 데이터에서 수행할 매우 구체적인 분석을 사용하지 않고 오히려 미래 분석 계획을 알 수 없을 때 광범위하게 사용할 수 있는 효용성 메트릭을 제공한다. 일반적인 메트릭을 해석하기 위해서는 메트릭의 범위가 정해져야 하며(가령 0~1), 값이 높은지 낮은지를 결정하는 허용기준이 있어야 한다.

주관적 평가에서는 다수의 도메인 전문가가 실제 레코드와 합성 레코드의 무작위 조합을 검토한 후 각각을 실제 레코드나 합성 레코드로 분류하려고 시도할 것이다. 만약 레코드가 다분히 사실적으로 보인다면 실제로 분류될 것이고, 레코드에 예상치 못한 패턴이나 관계가 있다면 합성물로 분류될 수 있다. 예를 들어 건강 데이터셋은 임상의에게 주관적 분류를 수행하도록 요청할 수 있다. 그다음 그 분류의 정확성을 평가할 것이다.

이어지는 몇 개의 절에서는 데이터에서 생성할 수 있는 일변량, 이변량, 다변량 모델을 포괄하는 일부 일반 메트릭뿐만 아니라 작업부하 인식 메트릭을 고려해서 합성 데이터의 효용성을 평가하는 하이브리드 프레임워크를 제시한다. 이때는 주관적 평가를 설명하지 않는다.

실제 데이터셋에 수행한 분석을 합성 데이터 평가에 사용할 수 있다는 점 외에 메트릭은 원하는 분석에 대한 정확한 지식이 필요하지 않다는 점에서 일반적이며, 실제로 개발 가능한 단순한 모델과 복잡한 모델을 많이 고려한다는 전에서 작업부하가 있다.

**1** Josep Domingo-Ferrer and Vicenç Torra, "Disclosure Control Methods and Information Loss for Microdata," in Confidentiality, Disclosure, and Data Access: Theory and Practical Applications for Statistical Agencies, ed. Pat Doyle et al. (Amsterdam: Elsevier Science, 2001); Kristen LeFevre, David J. DeWitt, and Raghu Ramakrishnan, "Workload-Aware Anonymization," in Proceedings of the 12th ACM SIGKDD International Conference on Knowledge Discovery and Data Mining (New York: Association for Computing Machinery, 2006): 277-286.

**2** A. F. Karr et al., "A Framework for Evaluating the Utility of Data Altered to Protect Confidentiality," The American Statistician 60, no. 3 (2006): 224-32.

## 4.1 합성 데이터 효용성 프레임워크: 분석 복제

여기서는 분석 재연을 설명하기 위해 UC 어바인 머신러닝 저장소의 인구조사 데이터를 사용한다. [그림 4-1]에 요약한 대로, 이 데이터셋에는 변수와 48,842개의 레코드가 있다.[3]

| 변수 이름 | 해석 | 종류 |
|---|---|---|
| 대륙 이름 | 출생 대륙 | 북미, 아시아, 유럽, 남아메리카 |
| 결혼 상태 | 결혼 상태 | 기혼 – 배우자가 민간인인 경우, 이혼, 기혼 – 배우자가 직업상 떨어져 사는 경우, 별거, 기혼 – 배우자가 군복무 중으로 떨어져 사는 경우, 사별 |
| 직군 | | 주 정부, 자영업을 제외한 기관, 사설기관, 연방정부, 지방정부, 자영업 포함 기관 |
| 교육 | 교육 수준 | 고등학교 졸업, 학사, 석사, 학부 재학생, 2년제 대학, 직업학교, 박사, 전문대학[3], 취학 전, 1~4학년, 5~6학년, 7~8학년, 9학년, 10학년, 11학년, 12학년 |
| 직업 | 직업 | 임시 사무직, 임원급 관리자, 청소부, 전문직, 기타 서비스직, 판매원, 수리기사, 운송업, 농어업, 기계 운영 검사관, 기술지원, 경비직, 군인, 가사 지원 서비스직 |
| 가족 | 가족 구성원과의 관계 | 가족이 아닌 관계, 남편, 아내, 자녀, 미혼, 그 외 관계 |
| 인종 | 인종 | 백인, 흑인, 아시안, 아메리칸 인디언과 에스키모인, 기타 |
| 성별 | 성별 | 남자, 여자 |
| 소득 | 소득 분류 | 연소득 5만 달러 이상 |

| 변수 이름 | 해석 |
|---|---|
| 연령 | 연령 |
| 자본 | 자본 이득/손실 |
| 근무시간 | 주당 근무시간 |

**그림 4-1** 인구조사 데이터셋에서 사용하는 변수. 위 표에는 범주형 변수와 변수에 적합한 유효한 값이 있고 아래 표에는 연속형 변수가 있다.

---

[3] 옮긴이_ 의학전문대학, 법학전문대학 등을 졸업했을 경우

소득 변수를 분류하기 위해 분류 트리를 만들었는데, 범주는 두 가지이고 그 외 변수는 모두 예측 변수로 사용된다. 이는 이 데이터셋에서 수행하는 일반적인 분석이다. 트리 구축 작업tree-building exercise에서는 10겹 교차 검증10-fold cross-validation을 사용했다.

실제 데이터셋의 결과 트리는 [그림 4-2]에 나타냈다. 합성 데이터로 만든 트리가 정확히 실제 데이터셋의 트리와 같았으므로 여기서 또 보여주지는 않겠다.

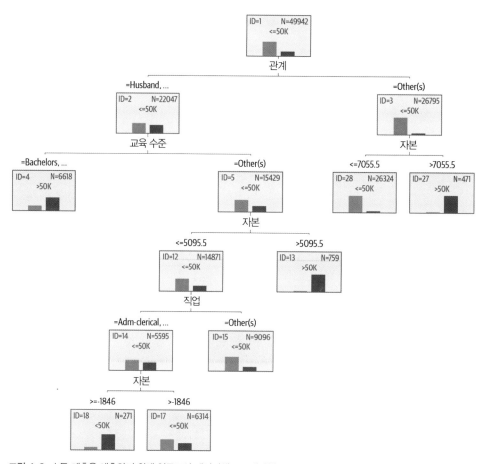

**그림 4-2** 소득 계층을 예측하기 위해 인구조사 데이터셋으로 개발한 분류 트리

트리의 첫 번째 분할은 관계 변수를 기반으로 한다. 만약 그 관계가 남편이나 아내라면, 2번 노드(그림에서 'ID=2')로 가고, 그렇지 않으면 3번 노드(그림에서 'ID=3')로 간다. 3번 노드에서 분할은 7,000달러를 조금 넘는 자본을 기준으로 한다. 따라서 남편이나 아내가 아니며,

7,055.50달러 이상의 시세차익을 가진 사람들은 소득이 5만 달러 이상인 경향이 있다.

2번 노드에는 또 다른 분할이 있다. 여기서 미혼이나 석사학위, 박사학위를 소지했거나 전문대학에 다닌 남편이나 부인도 소득이 5만 달러 이상이다. 그렇지 않고, 교육을 덜 받은 사람들은 5번 노드로 간다. 여기서 다시 자본으로 분할한다. 이와 같은 분할은 트리를 탐색할 때 계속해서 이루어진다.

[그림 4-3]은 실제 데이터셋과 합성 데이터셋에서 변수의 중요도를 나타낸다. 이는 각 변수의 기여도에 의한 소득 분류를 반영한다. 보다시피, 두 데이터셋의 모델에서 변수 중요도는 정확히 동일하다.

| 실제 | 합성 |
|---|---|
| 자본 | 자본 |
| 직업 | 직업 |
| 교육 수준 | 교육 수준 |
| 연령 | 연령 |
| 관계 | 관계 |
| 결혼 유/무 | 결혼 유/무 |
| 주당 근무시간 | 주당 근무시간 |
| 직군 | 직군 |
| 성별 | 성별 |

그림 4-3 소득 분류에 기여하는 변수의 중요도

여기서는 분석 재연을 통해 실제 데이터와 합성 데이터가 동일한 분류 트리를 생성했음을 알 수 있다. 이로써 합성 데이터셋의 효용성이 적정한지를 테스트할 수 있었다. 실제 데이터와 합성 데이터에서 동일한 결과를 얻는다면, 합성 데이터는 대리 역할을 할 수 있다.

그러나 실제 데이터와 동일한 분석을 항상 수행하지는 못한다. 예를 들어, 초기 분석은 매우 복잡하거나 노동 집약적이며, 이를 재연하는 것은 비용 효과적이지 않다. 또는 실제 데이터셋 분석이 아직 원본 데이터에 수행되지 않았다면 비교할 대상이 없을 수도 있다. 그런 경우 데이터의 효용성을 평가하려면 좀 더 일반적인 메트릭이 필요한데, 이것이 다음에 살펴볼 주제다.

## 4.2 합성 데이터의 효용성 프레임워크: 효용성 메트릭

합성 데이터셋에 수행할 수 있는 분석의 유형이 다양하고 원본 데이터셋에서 합성 데이터셋을 구별해낼 수 있다는 특징이 데이터 효용성 프레임워크의 기본 요건이다. 여기서는 다음에 설명한 '임상시험 데이터'의 데이터셋으로 다양한 기법을 설명한다.

각각의 합성 임상시험 데이터셋을 생성하기 위해서 실제 데이터에서 모델을 구축한 다음 해당 모델에서 합성 데이터를 샘플링했다. 특히 조건부 추론 트리conditional inference tree라고 불리는 '분류 및 회귀 트리classification and regression tree $(CART)$[4] 형식으로 합성 데이터를 생성했다.[5] 이 방법의 주된 이점은 데이터 기반 방식으로 각 변수 간 상호작용과 비선형 관계를 찾고, 변수 선택 편향을 해결하며, 편향되지 않는 방식으로 누락된 데이터를 처리해서 데이터 구조를 포착할 수 있다는 점이다.

---

### 임상시험 데이터

4장에서 사용할 그림을 만들기 위해 두 개의 종양 임상시험 데이터를 합성했다.

첫 번째 임상시험은 위장관 기질 종양gastrointestinal stromal tumors을 제거한 환자에게 수술 후 투여할 약물을 평가하는 것이었다. 이 임상시험에는 총 732명의 환자가 참여했으며, 일차 종료 목표는 재발 없는 생존이었다. 두 번째 임상시험은 수술 불가능하면서, 잠재적으로 전이성을 가진 전립선암prostate cancer을 표준 치료와 비교했다. 이 시험에는 총 367명의 환자가 참여했다. 이 데이터는 이차 분석을 위해 종양학 임상시험 데이터를 가지고 있는 프로젝트 데이터 스피어Project Data Sphere($https://projectdatasphere.org$)에서 입수했다.

4장의 목적상, 두 데이터셋의 횡단면 구성요소cross-sectional component의 합성에 초점을 맞춘다. 첫 번째 임상시험에서는 환자 개개인의 인구통계, 받은 치료, 결과 등을 상세히 기술하는 변수가 129개 있었다. 두 번째 임상시험에서는 88개의 변수가 있었다.

---

**4** Jerome P. Reiter, "Using CART to Generate Partially Synthetic Public Use Microdata," Journal of Official Statistics 21, no. 3 (2005): 441–62.

**5** Torsten Hothorn, Kurt Hornik, and Achim Zeileis, "Unbiased Recursive Partitioning: A Conditional Inference Framework," Journal of Computational and Graphical Statistics 15, no. 3 (September 2006): 651–74.

### 4.2.1 일변량 분포 비교

실제 데이터와 합성 데이터 사이에서 일변량 분포 비교는 변수 분포가 유사한지 여부를 나타낸다.

[그림 4-4]를 살펴보자. 여기서 살펴본 임상시험 데이터셋 중 하나에는 원래 연령 변수와 합성 연령 변수가 있다. 합성 연령 분포가 원래 연령 분포와 상당히 유사하므로 데이터 효용성이 높을 것으로 예상된다. 여기서는 분포가 정확히 같기를 원하지 않는데, 프라이버시 문제를 가리키는 지표가 되기 때문이다.

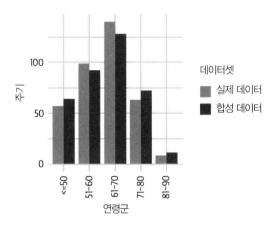

**그림 4-4** 분포가 유사할 때 연령에 대한 실제 분포와 합성 분포의 비교

실제 분포와 합성 분포가 다른 몇 가지 사례를 살펴보는 것이 유익하다.

데이터 합성 방법이 제대로 작동하지 않는 경우(가령 잘 맞지 않는 모델), 임상시험 키 데이터는 [그림 4-5], 임상시험 몸무게 데이터는 [그림 4-6]과 같이 얻는다. 이 예에서 원래 분포와 생성된 분포의 불일치를 명확하게 확인할 수 있다. 합성된 데이터가 생성 과정에서 실제 데이터의 많은 부분을 고려한 것으로 보이지 않는다! 물론 그 결과를 원하지 않는다. 그러나 합성 데이터에서 가장 먼저 살펴볼 사항 하나는 분포가 원래 데이터와 얼마나 일치하는지이다.

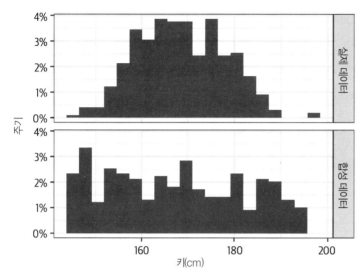

**그림 4-5** 데이터 합성이 잘 안 되었을 때 임상시험의 실제 키 데이터와 합성 데이터 비교

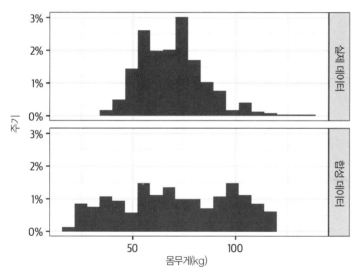

**그림 4-6** 데이터 합성이 잘 안 되었을 때 임상시험의 실제 체중 데이터와 합성 데이터 비교

간결하게 모든 변수의 실제 분포와 합성 분포를 비교하기를 원하지만, 실제로 데이터셋에는 변수가 매우 많다. 따라서 모든 변수를 가지고 두 개의 히스토그램을 생성해서 두 개의 히스토그램이 얼마나 비슷한지를 시각적으로 비교해 결정하는 것은 실용적이지 않다. 즉, 이 방식은 확

장성이 떨어지고 항상 신뢰성이 높은 것도 아니다. (두 분석가가 두 분포의 유사성을 일관성 없이 평가할 수 있다.) 그러므로 일종의 요약 통계가 필요하다.

실제 데이터와 합성 데이터에서 각 변수 간의 분포 차이를 측정하기 위해 헬링거 거리<sup>Hellinger</sup>
distance를 계산할 수 있다. 헬링거 거리는 0과 1 사이의 확률론적 척도로, 여기서 0은 분포 간에 차이가 없음을 나타낸다. (데이터 프라이버시를 보호하기 위해) 원본 데이터와 변환된 데이터를 비교해볼 때 다른 분포 비교 메트릭과 일치하는 방식으로 동작하는 것으로 나타났다.[6]

헬링거 거리의 중요한 장점은 경계가 있어서 해석하기가 쉽다는 것이다. 차이가 0에 가까우면 분포가 비슷하고, 1에 가까우면 매우 다름을 알 수 있다. 또한 다른 데이터 합성 접근법에서 일변량 데이터 효용성을 비교하는 데도 사용할 수 있다. 그리고 연속형 변수와 범주형 변수에 계산할 수 있다는 장점도 있다.

변수가 많을 때 헬링거 거리를 **상자 그림**box-and-whisker plot으로 나타낼 수 있는데, 이 그림은 중위수median와 사분위 간 범위the inter-quartile range(IQR)를 보여준다. 이를 통해 실제 데이터와 합성 데이터 간의 일변량 분포가 얼마나 유사한지 쉽게 요약할 수 있다. 상자 그림에는 75번째와 25번째 백분위수로 경계 지어진 상자가 표시되며, 중위수는 가운데에 있는 선이다.

효용성이 높은 합성 데이터셋의 경우 모든 변수의 헬링거 중위 거리는 0에 가깝고 변동은 작을 것으로 예상되며, 이는 합성 데이터가 실제 데이터에서 각 변수의 분포를 정확하게 복제함을 나타낸다.

[그림 4-7]은 첫 번째 임상시험의 실제 데이터 대비 합성 데이터의 일변량 분포 간의 차이를 요약한 것이다. 헬링거 중위 거리는 0.01(IQR=0.02)로 실제 변수와 합성 변수의 분포가 거의 동일했음을 알 수 있다. [그림 4-8]은 두 번째 임상시험의 실제 데이터와 비교한 합성 데이터의 일변량 분포의 차이를 요약한 것이다. 헬링거 중위 거리는 0.02(IQR=0.03)로 실제 변수와 합성 변수의 분포가 거의 일치했음을 또한 나타낸다.

**6** Shanti Gomatam, Alan F. Karr, and Ashish P. Sanil, "Data Swapping as a Decision Problem," Journal of Official Statistics 21, no. 4 (2005): 635–55.

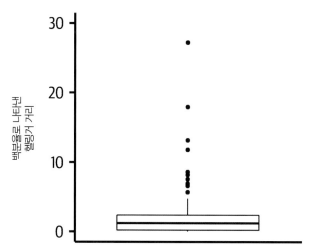

**그림 4-7** 헬링거 거리는 데이터셋의 모든 변수에 대한 백분율이다. 이는 첫 번째 시험의 실제 데이터와 합성 데이터 간의 일변량 분포가 얼마나 유사한지를 나타낸다.

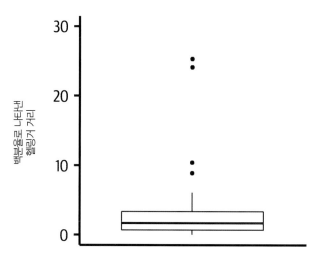

**그림 4-8** 헬링거 거리는 데이터셋의 모든 변수에 대한 백분율이다. 이는 두 번째 시험의 실제 데이터와 합성 데이터 간의 일변량 분포가 얼마나 유사한지를 나타낸다.

## 4.2.2 이변량 통계량 간의 비교

실제 데이터와 합성 데이터의 상관관계 차이의 계산은 합성 데이터의 효용성을 평가하기 위해 일반적으로 사용하는 접근법이다.[7] 이 경우, 실제 데이터와 합성 데이터의 모든 변수 쌍 간의 상관관계의 절대적 차이는 데이터 효용성의 척도로 계산할 수 있다. 여기서는 두 데이터셋 간의 상관관계가 매우 유사하기를 원할 것이다.

상관 계수[correlation coefficient]의 유형은 변수의 유형에 따라 달라진다. 예를 들어, 두 연속형 변수 간의 상관관계와 이항 변수와 범주형 변수 간의 상관관계에는 다른 계수가 필요하다.

연속형 변수 간의 관계에는 피어슨[Pearson] 상관 계수를 사용할 수 있다. 연속형 변수와 명목형 변수[nominal variable]의 상관관계에는 다중 상관 계수를 사용할 수 있고, 연속형 변수와 이분법 변수에는 점-이분형 상관관계[point-biserial correlation]를 사용할 수 있다. 두 변수에서 하나가 명목적[nominal]이고 다른 변수가 명목적[8]이거나 이분법적[dichotomous][9]이라면 크래머[Cramér]의 V를 사용할 수 있다. 마지막으로 두 변수 모두 이분법적이라면 파이[phi] 계수를 계산해 상관관계를 정량화할 수 있다.

그런 다음 모든 차이 값이 0과 1 사이의 값으로 제한되도록 이변량 상관관계의 절대적 차이를 필요에 따라 조정해야 한다. 효용성이 높은 합성 데이터셋의 경우, 실제 데이터와 합성 데이터를 계산한 상관관계 측정치의 중위수 절대 차이가 0에 가까울 것으로 예상된다.

다시 말하지만, 효용성을 간결하게 표현하기 위해 가능한 모든 쌍별 관계[pairwise relationship]에 걸쳐 상자 플롯에 상관관계의 절대적 차이를 표시하거나 히트맵[heat map]으로 나타낸다. 히트맵은 음영의 차이 값을 표시해서 어떤 이변량의 상관관계 차이가 큰지 작은지 보여준다.

[그림 4-9]는 첫 번째 임상시험에 대한 이변량 상관관계의 차이를 조사한 결과이다. 합성 데이터에서 관찰된 상관관계와 비교해볼 때 실제 데이터에서 관찰된 상관의 중위수 절대 차이[median absolute difference]는 $0.03$(IQR=$0.04$)이었다. 두 번째 임상시험 결과는 [그림 4-10]에 나타냈다. 이때 실제 데이터에서 관찰된 상관관계와 합성 데이터에서 관찰된 상관관계의 중위수 절대 차

---

**7** Brett K. Beaulieu-Jones et al., "Privacy-Preserving Generative Deep Neural Networks Support Clinical Data Sharing," bioRxiv (July 2017). *https://doi.org/10.1101/159756*; Bill Howe et al., "Synthetic Data for Social Good," Cornell University arXiv Archive, October 2017. *https://arxiv.org/abs/1710.08874*; Ioannis Kaloskampis, "Synthetic Data for Public Good," Office for National Statistics, February 2019. *https://oreil.ly/qfVvR*.

**8** 옮긴이_ 주관적으로 측정한 것. 예를 들어, PTSD의 정도, 아픔의 정도 등

**9** 옮긴이_ 서로 상이한 두 개의 값이 있을 때, 가령 참과 거짓

이가 0.03(IQR=0.04)이었다. 이는 데이터의 이변량 관계가 합성 데이터 생성 프로세스 동안 광범위하게 보존됐음을 나타낸다.

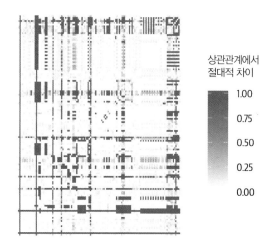

그림 4-9 첫 번째 시험의 실제 데이터와 합성 데이터 간의 이변량 상관관계의 절대적 차이. 옅은 음영은 차이가 0에 가까웠음을 나타내는 반면, 회색은 결측치나 낮은 변동성으로 인해 상관관계를 계산할 수 없음을 나타낸다.

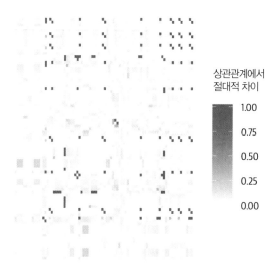

그림 4-10 두 번째 시험의 실제 데이터와 합성 데이터 간의 이변량 상관관계의 절대적 차이. 옅은 음영은 차이가 0에 가까웠음을 나타내는 반면, 회색은 결측치나 낮은 변동성으로 인해 상관관계를 계산할 수 없음을 나타낸다.

이 차이는 [그림 4-11]과 [그림 4-12]에 상자 그래프로 나타냈다. 상자 그림이 데이터셋 각각에 대한 수천 개의 이변량 상관관계를 요약해 나타내고 있음을 유념해야 한다. 예를 들어, 두 번째 임상시험의 경우 7,056개의 가능한 상관관계로부터 실제로 계산된 6,916개의 상관관계가 있다.

이 그림에서 이상치<sup>outlier</sup>는 상단 바<sup>whisker</sup> 위에 있는 원이다. 이 데이터셋에서는 데이터의 희귀한 관측치가 상관 계수에 영향을 미치거나 일부 변수의 결측값이 많아서 상관 계수가 불안정하기 때문에 발생한다. 일반적으로는 작은 중위수를 목표로 하고 모든 효용성 메트릭을 함께 고려한다.

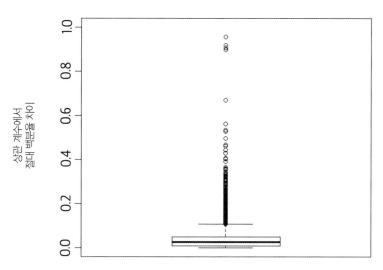

**그림 4-11** 첫 번째 시험의 실제 데이터와 합성 데이터 간의 이변량 상관관계의 절대적 차이. 상자 그림은 중위수와 분포를 명확하게 보여준다.

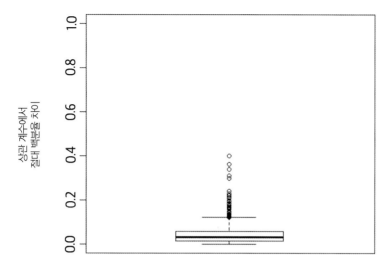

**그림 4-12** 두 번째 시험의 실제 데이터와 합성 데이터 간의 이변량 상관관계의 절대적 차이. 상자 그림은 중위수와 분포를 명확하게 보여준다.

### 4.2.3 다변량 예측 모델 비교

다변량 모델을 사용해서 실제 데이터와 합성 데이터의 예측 능력이 유사한지 판단하기 위해 데이터셋의 모든 변수를 결과물로 하여 분류 모델을 구축할 수 있다. 실제 분석가가 데이터셋을 사용해 무엇을 하길 원하는지 알려주는 선례가 없기 때문에 가능한 모든 모델을 검토한다. 이를 일컬어 '모든 모델 테스트all models test'라고 한다.

일반화된 부스티드 모델generalized boosted model (GBM)[10]을 사용해 분류 트리를 만드는데, 실제로 꽤 정확한 예측 모델을 만들 수 있다.

---

**10** 옮긴이_ 일반화 부스팅 모델이라고도 부르는 듯하다. (왜 boosted를 부스팅이라고 하는지는 모르겠지만…)

# ROC 곡선

수신자 조작 특성(ROC) 곡선[11]은 예측 모델이 얼마나 바르게 수행하는지를 측정하는 방법이다. ROC 곡선은 특히 불균형 데이터셋의 다른 일반적인 조치와 관련된 몇 가지 문제를 해결한다. 여기서는 이진 예측에 대한 ROC의 작동방식을 설명한다.

예측이 이루어질 때, 결과는 [그림 4-13]과 같이 혼동 행렬confusion matrix(또는 오차 행렬)로 나타낼 수 있다. 이 값은 모델 구축에 사용되지 않은 테스트 데이터셋에서 예측 모델을 실행해 계산한다. 이 예에서 모델은 0 또는 1 값을 예측하고 있다.

실제 클래스

|  |  | 0 | 1 |
|---|---|---|---|
| 예측된 클래스 | 0 | 참 음성[12] | 거짓 음성[13] |
|  | 1 | 거짓 양성[14] | 참 양성[15] |

그림 4-13 혼동 행렬

많은 이항 예측 모델의 경우 실제 예측은 확률이다. 예를 들어, 분류 트리 또는 로지스틱 회귀 분석은 특정 관측치가 1로 표시된 클래스에 있을 확률을 예측한다. 이 확률은 컷오프 값 $c$[16]를 지정해 이항 값으로 변환한다. 예를 들어 컷오프가 0.5인 경우 0.5보다 크거나 같을 예측 확률은 클래스 1에 해당한다.

---

11 옮긴이_ 다양한 분류 임곗값에서 참 양성률과 거짓 양성률이 이루는 곡선이 통계에서 말하는 ROC 곡선이다. (*https://developers.google.com/machine-learning/glossary*)

12 옮긴이_ 실제로 0이고, 모델도 0이라고 예측한 경우

13 옮긴이_ 실제로 1인데, 모델은 0이라고 예측한 경우

14 옮긴이_ 실제로 0인데, 모델은 1이라고 예측한 경우

15 옮긴이_ 실제로 1이고, 모델도 1이라고 예측한 경우

16 옮긴이_ 확률값이 c를 넘으면 1로 예측했다고 생각하자는 의미, 문턱값 또는 threshold라고도 부른다.

ROC 곡선은 c의 가능한 모든 값에 대해 거짓 양성 비율False Positive Fraction값과 참 양성 비율True Positive Fraction 값을 축으로 한다. [그림 4-14]는 ROC 곡선을 나타낸다. 대각선은 동전을 던지는 것과 같은 우연과 동일한 수준의 예측을 했다는 의미이다.[17] B선과 C선이 우연보다 낫다. 선이 왼쪽 상단 모서리에 가까울수록 예측이 정확하다.

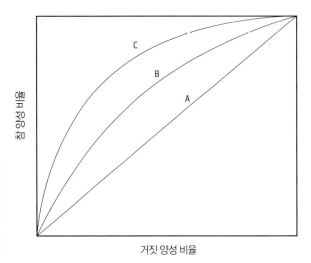

**그림 4-14** ROC 곡선

분류기의 전반적인 성능을 측정하는 일반적인 척도는 ROC 곡선 아래 영역area under the ROC curve(AUROC)이다. 이 측정치는 서로 다른 분류자 또는 예측 모델을 비교하는 데 사용할 수 있다. 여기서는 실제 데이터와 합성 데이터로 제작된 모델의 정확도를 비교하기 위해 AUROC를 사용했다.

구축한 모델의 정확도를 계산할 필요가 있었다. 이를 위해 여기서는 ROC 곡선 아래 영역 (AUROC)을 사용했다.[18] AUROC는 예측 모델 정확도를 평가하는 표준화된 방법이다.

...............................

**17** 옮긴이_ 동전 던지기를 생각하면, 아무렇게 던져도 앞면이 나올 확률은 50%일 것이다. (실제로는 50%가 아니겠지만…) 즉, 앞면이 나올지 뒷면이 나올지 예측할 때, 아무렇게나 예측해도 대략 50%는 맞힐 수 있다는 뜻이다. (모두 틀리는 경우도 있지 않느냐고 반문하지만, 이진 예측에서 모두 틀리는 것은 모두 맞히는 것만큼 어렵다.) 이와 비슷하게 이진 예측 모델의 경우에도, 모델이 아무렇게나 예측해도 50%는 맞힐 수 있음을 말한다. 즉, 최소 50% 정도는 기본으로 맞히고 시작한다는 의미다.

**18** Margaret Sullivan Pepe, The Statistical Evaluation of Medical Tests for Classification and Prediction (Oxford: Oxford University Press, 2004).

AUROC를 계산하기 위해 10겹 교차 검증을 사용했다. 이는 데이터셋을 여러 훈련과 테스트 서브셋으로 분할하여 검증한다는 의미다.

10겹 교차 검증을 간략하게 설명하겠다. 데이터셋이 있을 때 데이터셋을 (1)에서 (10)까지 동일한 크기의 서브셋 10개로 나눈다. 여기서 먼저 서브셋(1)을 테스트셋으로 유지하고 나머지 9개의 부분집합으로 모델을 만든다. 그리고 나서 꺼낸 서브셋(1)에서 모델을 테스트하고, 그 테스트셋에서 AUROC를 계산한다. 그런 다음 훈련 데이터의 일부로 서브셋(1)을 다시 넣고 서브셋(2)를 꺼내 테스트에 사용하며, AUROC를 계산한다. 이 과정을 10회 반복하며, 매번 서브셋 중 하나를 꺼내 테스트에 사용한다. 마지막에는 AUROC에 대한 10개의 값을 얻는다. 그리고 이 값들의 평균을 사용해 총 AUROC를 계산한다.

이 평균 AUROC는 합성 데이터를 기반으로 구축한 모든 모델과 실제 데이터에 대한 대응 모델(동일한 결과 변수$^{outcome\ variable}$를 갖는 모델)에 대해 계산했다. 그리고 두 AUROC 값 사이의 절댓값 차이를 계산했다. 그런 다음 AUROC 값에서 모든 절댓값 차이에 대한 상자 그림을 생성했다.

모든 모델을 일관된 방식으로 요약할 수 있도록 연속 결과 변수를 이산화하여 분류 모델을 구축할 수 있다. 여러 가지 지표들 중 가장 많은 지표[19]를 만족하도록 선택된 최적의 클러스터 크기를 가지는 단변수 k−평균 군집화를 사용했다.[20] 합성 데이터의 효용성이 높다면 평균 AUROC의 중위수 백분율 차이로 표시되는 실제 데이터와 비교했을 때 예측 능력의 차이가 거의 없을 것이다.

[그림 4−15]는 첫 번째 임상시험에서 각 GBM의 예측 정확도를 평가하는 10겹 교차 검증 결과를 나타낸 것이다. AUROC의 절대 백분율 차이는 많은 변수의 경우 0에 가깝고 중위수는 0.5%(IQR=3%)다. 이는 실제 데이터셋 대신 합성 데이터로 수행된 분석의 예측 능력이 매우 유사하며, 일반적으로 합성 데이터를 사용해 훈련된 모델이 실제 데이터에 적용될 때 실제 데이터로 훈련된 모델과 동일한 결론을 도출함을 나타낸다.

---

**19** 옮긴이_ 20번 각주에서 언급한 NbClust는 다양한 통계 지표(클러스터 내의 데이터 표준편차와 평균거리 등)를 이용해서 이들 통계 지표를 가장 많이 만족하는 클러스터 구성을 찾는 알고리즘이다. 예를 들어 1번 클러스터 구성이 2가지 통계 지표에서 좋은 성능을 보였고, 2번 클러스터 구성이 3가지 통계 지표에서 좋은 성능을 보였다면, 2번 클러스터 구성을 취한다는 의미다.

**20** Malika Charrad et al., "NbClust: An R Package for Determining the Relevant Number of Clusters in a Data Set," Journal of Statistical Software 61, no. 6 (November 2014): 1–36.

[그림 4-16]을 보면 두 번째 임상시험에서도 비슷한 결과가 나왔다. AUROC의 절대 백분율 차이는 중위수가 0.02%(IQR=1%)다. 이 또한 합성 데이터가 실제 데이터와 매우 유사한 예측 능력을 지님을 나타낸다.

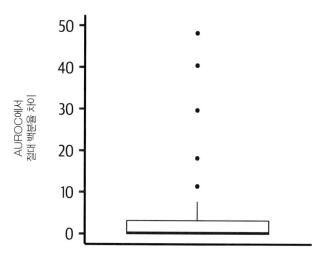

**그림 4-15** 첫 번째 시험의 실제 모델과 합성 모델의 절대 백분율 차이

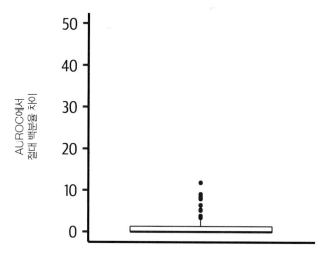

**그림 4-16** 두 번째 시험의 실제 모델과 합성 모델의 절대 백분율 차이

분류의 '외부 검증external validation'이라는 다른 접근법은 다음과 같다.

1. 실제 데이터를 동일한 크기의 랜덤 세그먼트 10개로 나눈다.

2. 세그먼트 1을 제거해 테스트셋으로 만들고, 나머지 9개 세그먼트에 합성 데이터를 생성한다.

3. 합성 데이터로 GBM을 구축해서 실제 데이터에서 테스트 세그먼트를 예측하고 AUROC를 계산한다.

4. 각 세그먼트를 테스트셋으로 하여 9회 반복한다.

5. 10겹에서 모든 예측이 이루어지면 평균 AUROC를 계산한다.

이 다변량 외부 유효성 검증은 합성된 데이터가 실제 홀드아웃 데이터에서 적합도$^{goodness}$[21]를 평가하는 좋은 예측 모델을 생성할 수 있는지 테스트한다.


## 4.2.4 구별 가능성

구별 가능성은 다변량 방식으로 실제 데이터와 합성 데이터를 비교하는 또 다른 방법이다. 여기서는 실제 레코드와 합성 레코드를 구별해내는 모델을 만들 수 있는지 알고자 한다. 따라서 각 레코드에 이진수 표시기를 할당하는데, 실제 레코드이면 1을 할당하고, 합성 레코드인 경우 0을 할당한다(또는 둘을 반대로 줄 수도 있다). 그런 다음 실제 데이터와 합성 데이터를 구별하는 분류 모델을 만든다. 여기서는 레코드가 실제인지 합성인지 예측하기 위해 이 모델을 사용한다. 10겹 교차 검증 방식을 사용해서 각 기록의 예측을 도출할 수 있다.

이 분류기는 각각의 예측 확률을 산출한다. 확률이 1에 가까우면 레코드가 '실제'할 것으로 예측하고, 0에 가까우면 레코드가 '합성'이라고 예측한다. 이것은 사실상 모든 레코드의 경향 점수$^{propensity\ score}$다.

경향 점수는 보건 연구 분야에서 일반적으로 치료에 무작위 할당(대조군에 비해)이 불가능할 때 관찰 연구에서 치료 그룹의 균형을 맞추는 데 사용한다. 이는 관찰 연구에서 치료 기록에 대한 다중 공변량[22]의 영향을 평가하는 단일 확률 측정을 제공한다.[23] 실제 데이터와 합성 데이터를 구별하기 위한 척도로 경향 점수를 사용하는 것은 다소 일반적인 관행이 돼가고 있다.[24]

---

**21** 옮긴이_ 원본에는 goodness로만 표현됐지만, goodness-of-fit 즉 적합도로 번역했다.

**22** 옮긴이_ 매 치료마다 공통적으로 다루어지는 변수들

**23** Paul R. Rosenbaum and Donald B. Rubin, "The Central Role of the Propensity Score in Observational Studies for Causal Effects," Biometrika 70, no. 1 (April 1983): 41-55.

**24** Joshua Snoke et al., "General and Specific Utility Measures for Synthetic Data," Journal of the Royal Statistical Society: Series A (Statistics in Society) 181, no. 3 (June 2018): 663-688.

경향 점수는 일반화된 부스티드 모델로 상당히 정확하게 계산할 수 있다.[25]

두 데이터셋이 정확히 동일하면 두 데이터셋을 구별할 수 없다. 이는 합성 데이터 생성기가 과적합돼 원본 데이터를 효과적으로 다시 생성한 경우에 해당한다. 이 경우 분류자가 실제 데이터와 합성 데이터를 구별할 수 없다는 점에서 모든 기록의 경향 점수는 0.5가 될 것이다. 이 내용은 [그림 4-17]에 나타냈다. 같은 방법으로, '실제' 대 '합성' 라벨이 완전히 무작위로 레코드에 할당되면, 분류자는 그 둘을 구별할 수 없게 된다. 이 경우에도 경향 점수는 0.5가 된다.

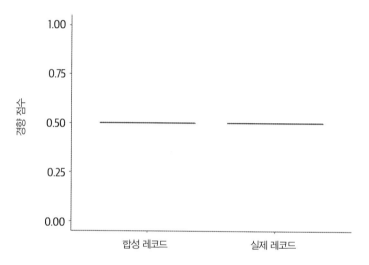

**그림 4-17** 실제 데이터와 합성 데이터에 차이가 없을 때 경향 점수로 구별

만약 두 데이터셋이 완전히 다르다면, 분류자는 구별할 것이다. 구별 가능성이 높은 것은 데이터 효용성이 낮은 것을 의미한다. 이 경우 경향 점수는 [그림 4-18]처럼 0 또는 1이 된다.

물론 현실적으로 데이터셋은 그 중간 어딘가에 떨어질 것이다. 이때 우리는 데이터셋이 양 극단extreme 중 어느 한쪽에 있기를 원하지 않는다. 실제 데이터와 구별하기 어려운 합성 데이터는 상대적으로 효용성이 높은 것이다.

또한 모든 레코드에 걸쳐 경향 점수를 요약할 수 있다. 이를 위해 사용할 수 있는 몇 가지 일반적인 방법(이들을 합성을 위한 경향 점수propensity score for synthesis (PSS) 1~3이라고 부른다)이 있다.

────────────────

**25** Daniel F. McCaffrey et al., "A Tutorial on Propensity Score Estimation for Multiple Treatments Using Generalized Boosted Models," Statistics in Medicine 32, no. 19 (2013): 3388–3414.

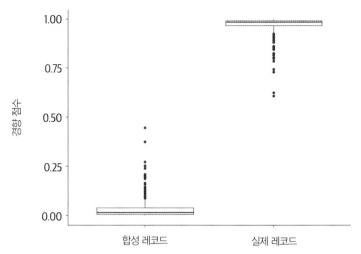

**그림 4-18** 실제 데이터와 합성 데이터에 거의 완벽한 차이가 있을 때 경향 점수로 구별

### PSS 1: 경향 점수와 0.5 값 사이의 평균 제곱 차이 계산

0.5는 실제 데이터와 합성 데이터에 차이가 없을 때의 값이다. 라벨이 무작위로 할당된 경우이 또한 예상 값이다. 따라서 경향 평균 제곱 차이의 값은 두 데이터셋이 같으면 0이고, 다르면 0.25일 것이다.

### PSS 2: 경향 점수를 이항 예측으로 변환

경향 점수가 0.5점 이상이면 실제 레코드라고 예측하고, 0.5점 미만이면 합성 레코드라고 예측한다. 경향 점수가 0.5이면 동전을 던진다. 그 후에는 예측의 정확성을 계산한다. 두 데이터셋이 매우 다르면 정확도가 1에 가까울 것이며, 이는 분류자가 실제 데이터와 합성 데이터를 완벽하게 구별할 수 있음을 의미한다. 분류기가 두 데이터셋을 구별할 수 없는 경우 정확도는 0.5에 가깝다.[26]

### PSS 3: 경향 점수와 실제 레코드의 0/1 라벨 사이의 평균 제곱 차이 계산

이 경우 분류자가 두 데이터셋을 완벽하게 구별할 수 있다면 0이 되고, 데이터셋을 구별할 수

---

**26** 데이터가 균형을 이루지 못하면 이 메트릭은 적합하지 않다. 예를 들어, 합성된 데이터셋이 실제 데이터셋보다 훨씬 더 클 때는 이 현상이 일어날 것이다.

없다면 0.25가 된다.

[표 4-1]은 서로 다른 메트릭을 요약해 보여준다.

표 4-1 경향 점수에 대한 여러 요약 통계량

| 메트릭 유형 | 동일한 데이터셋 | 다른 데이터셋 |
| --- | --- | --- |
| 0.5와의 평균 제곱 차이 | 0 | 0.25 |
| 예측 정확도 | 0.5 | 1 |
| 라벨과의 평균 제곱 차이 | 0.25 | 0 |

일반적으로는 0.5 또는 PSS 1의 평균 제곱 차이를 사용하기를 선호하지만, 실제로는 세 가지 방법 모두 데이터 효용성에 대한 결론이 유사할 것이다.

첫 번째 임상시험의 경향 점수 비교는 일반화된 부스티드 모델이 실제 데이터와 합성 데이터를 확신 있게 구별할 수 없음을 나타낸다(그림 4-19). 두 번째 임상시험은 [그림 4-20]을 참조하라. 두 경우 모두 PSS 1 점수가 0.1에 가깝다.

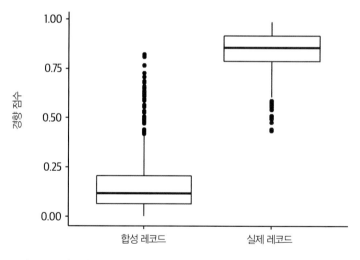

그림 4-19 실제 데이터와 합성 데이터의 값을 대조해 첫 번째 시험을 계산한 경향 점수

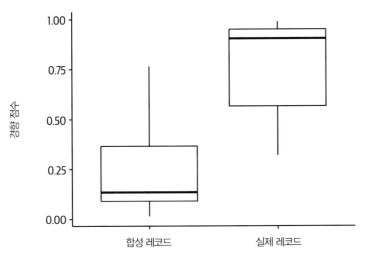

**그림 4-20** 실제 데이터와 합성 데이터의 값을 대조해 두 번째 시험을 계산한 경향 점수

이 결과는 '모든 모델' 효용성 평가 시 동일한 데이터셋에서 확인한 내용과 약간 다르다. 효용성 테스트가 그 외 것들도 측정하기 때문에 이 사실이 그리 놀랍지는 않으며 한 가지 가능한 설명은 다음과 같다. 다변량 '모든 모델' 테스트는 모델을 만드는 데 가장 중요한 변수를 선택한다. 모델에서 실제 데이터셋과 합성 데이터셋 사이에 가변적 중요성이 다르지만 전체적인 예측은 동일하다고 볼 수 있다. PSS 1 측정에서는 일부 예측 작업에서 일부 변수가 덜/더 중요할 가능성이 포착된다.

이는 데이터셋의 효용성을 광범하게 평가하기 위해 '다수의' 효용성 메트릭을 고려해야 함을 강조한다. 효용성 평가에서 각 방법은 다른 효용성을 보완하는 다른 차원의 효용성을 다룬다.

이때 이들의 값을 해석할 방법이 필요하다. 예를 들어 PSS 1 값은 좋은 값인가, 아니면 나쁜 값인가?

PSS 1 점수를 해석하는 한 방법은 [그림 4-21]과 같이 범위를 5분위로 나누는 것이다. 데이터셋의 효용성이 적절한지 확인하기 위해 이상적으로 점수가 레벨 1이나 2가 되기를 원할 것이다. 이는 다른 합성 방법과 데이터셋의 구별 가능성을 비교하는 해석하기 쉬운 접근법을 제공한다.

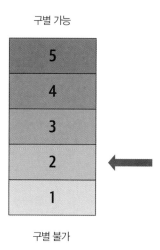

구별 가능

구별 불가

**그림 4-21** PSS 1 범위는 5분위로 나눌 수 있으며, 레벨 1에 가까운 값은 구별 가능성이 낮음을 의미한다.

## 4.3 요약

「US 2020 decennial census」에서 많이 사용되는 범용 공공표tabulations를 합성 데이터에서 생성하려는 계획은 합성 데이터의 적용 및 수용 사례가 증가하고 있음을 증명한다.[27] 합성 데이터 사용자는 데이터 효용성에 주된 관심이 있다. 4장에서는 일반 및 작업부하 인식 측정을 모두 결합해 합성 데이터의 효용성을 평가하는 프레임워크를 제시하고 시연했다.

미국 인구소사 네이터셋의 새언 분석은 원본 분석을 높은 정밀도로 복세할 수 있음을 보여주었다. 이는 최종 작업량이 사전에 합리적으로 알려졌을 때 효용성을 평가한 사례다.

두 개의 종양학 임상시험 데이터셋의 효용성을 분석한 결과, 다양한 메트릭에 의해 합성 데이터셋은 구조와 분포만이 아니라 실제 데이터셋의 이변량과 다변량 관계를 합리적으로 복제하는 것으로 나타났다. 단 두 개의 연구를 사용했지만, 분석적으로 유용한 합성 임상시험 데이터를 생성하는 것이 가능하다는 초기 증거 일부를 제공한다. 프레임워크는 데이터 사용자, 데이

........................

**27** Aref Dajani et al., "The Modernization of Statistical Disclosure Limitation at the U.S. Census Bureau" (presentation at the Census Scientific Advisory Committee meeting, Suitland, MD, September 2017).

터 합성기, 데이터 합성 방법으로 작업하는 연구자에게 사용할 만한 가치가 있다.

효용성 평가 결과는 [그림 4-22]와 같이 대시보드에 요약할 수 있다. 한 장의 그림으로 효용성에 대한 주요 메트릭을 보여준다.

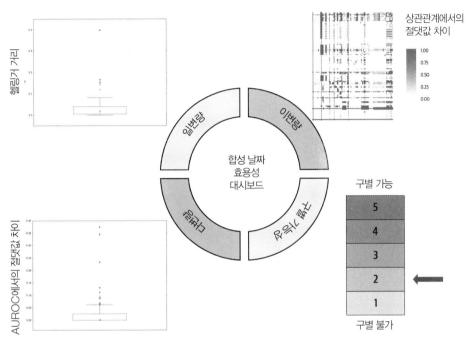

**그림 4-22** 합성 데이터셋의 효용성 메트릭을 요약한 대시보드

프레임워크의 한계 측면에서 효용성 프레임워크의 모든 변수와 모델을 검토한 후, 전반적으로 요약했다. 실제로 어떤 변수나 모델은 다른 변수나 모델보다 더 중요한데, 이는 분석에서 다루는 질문으로 결정된다. 이 프레임워크는 여전히 일반 데이터 효용성 메트릭보다 더 의미 있는 결과를 제공하지만, 모든 작업부하를 반영하지는 못할 것이다.

4장에서는 단면 데이터에 초점을 맞췄다는 점에 유의하기 바란다. 종방향 데이터의 경우, 다른 유형의 효용성 메트릭이 필요할 수 있다. 이는 데이터 유형(가령 건강 데이터 대 재무 데이터)에 더 의존하기 때문에 더 복잡한 주제다.

다음 장에서는 합성 데이터를 생성하는 방법을 자세히 살펴본다. 이제 데이터 효용성을 평가하는 방법을 알게 됐으므로 합성 방법들을 더 쉽게 비교할 수 있다.

# CHAPTER 5

# 데이터 합성 방법

4장에서 분포 적합의 몇 가지 기본 방법을 설명했다. 5장에서는 기본 개념을 이용해 합성 데이터를 생성해보려고 한다. 여기서는 몇 가지 기본적인 접근법으로 시작해서 뒤로 갈수록 복잡한 접근법으로 발전하며 입문자용 기술 소개를 넘어 나중에는 고급 기술을 언급한다. 여기서 다루는 내용은 데이터 합성을 이해하는 데 좋은 출발점이 될 것이다.

## 5.1 합성 데이터 생성 이론

분석가가 실제 데이터를 가지고 있지 않지만, 데이터를 모델링하고 생성하려는 현상을 어느 정도 이해하고 있는 상황을 고려해보자. 예를 들어 키와 몸무게의 관계를 반영하는 데이터를 생성한다고 해보자. 키와 몸무게가 서로 관련됨은 일반적으로 잘 알려진 사실이다.

미국 질병관리본부the Centers for Disease Control에 따르면, 미국 남성의 평균 키는 약 175cm[1]인데, 여기서는 설명의 편의상 표준편차를 5cm로 정한다. 평균 몸무게는 89.7kg이며, 표준편차는 10kg으로 정한다. 설명의 편의상 분포를 정규 분포(가우시안 분포 또는 종 모양 분포)로 모델링하고, 상관관계가 0.5라고 가정한다. 코헨Cohen의 효과 크기 해석 가이드라인에 따르면, 0.5

---

**1** Cheryl D. Fryar et al., "Mean Body Weight, Height, Waist Circumference, and Body Mass Index Among Adults: United States, 1999-2000 Through 2015-2016," National Center for Health Statistics, December 2018. *https://oreil.ly/bgf9i*.

에 해당하는 크기의 상관관계는 큰 것으로, 0.3은 중간으로, 0.1은 작은 것으로 간주한다. 0.5 이상의 상관관계는 실무에서 강한 관계가 될 것이다.[2] 그러므로 0.5에서 키와 몸무게의 상관관계가 크다고 가정한다. 여기서는 이 규격을 바탕으로 이 현상을 모델링하는 5,000개의 관측치 데이터셋을 만들 수 있다.

이 일을 수행하는 방법은 다음과 같으며, 다음 절에서 설명한다.

**(a)** 다변량 (징규) 분포로부터 샘플링[sampling]하는(또는 표본을 추출하는) 방법
**(b)** 샘플링 프로세스 중 상관관계를 유도하는 방법
**(c)** 코퓰러[Copula]를 사용하는 방법

## 5.1.1 다변량 정규 분포에서 표본 추출

첫 번째 방법은 밀도 함수에서 표본을 추출해서 이 두 분포로부터 데이터를 생성하고, 생성 프로세스 동안 키와 몸무게의 생성된 값들이 0.5의 상관관계를 갖는지 확인한다. 이 예에서는 5,000개의 합성 관측치를 생성한다. 두 변수가 정규 분포를 따르므로 다변량 정규 분포에서 표본을 추출한다. [그림 5-1]은 0.5의 상관관계를 갖는 관측치 5,000개로 이루어진 이변수 데이터셋이다.

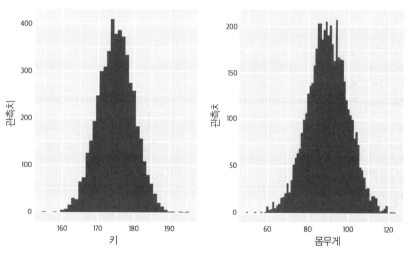

**그림 5-1** 다변량 정규 분포에서 생성된, 키와 몸무게로 구성된 5,000개의 관측치 시뮬레이션 데이터셋

---

2 Jacob Cohen, Statistical Power Analysis for the Behavioral Sciences, 2nd edition (Mahwah: Lawrence Erlbaum Associates, 1988).

생성하기가 수월했다. 그리고 이 기본 프로세스는 원하는 개수의 변수까지 확장할 수 있다(즉, 두 개의 변수로 제한되지 않는다).

## 5.1.2 지정된 한계 분포로부터 상관관계 유도

이번에는 환자의 몸무게와 입원기간$^{length\ of\ stay}$(LOS)의 관계를 보여주는 데이터를 생성해보자. [그림 5-2]와 같이 체류기간 변수는 지수 분포를 가진다. 여기서는 두 변수의 상관관계가 약하다고 가정한다(즉, 0.1 정도).

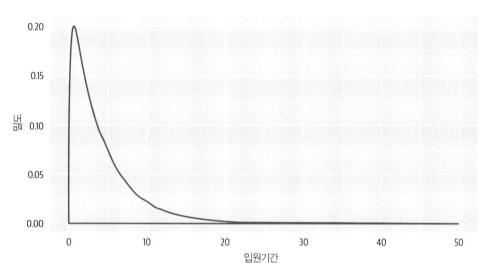

**그림 5-2** 입원기간을 나타내는 지수 분포

다변량 정규 분포에서 표본 추출은 변수의 분포가 정규 분포임을 알고 있을 때 효과적이다. 하지만 이 사례에서와 같이 그렇지 않다면 어떻게 될까? 입원기간 변수가 정규 분포가 아니기 때문에 다변량 정규 분포에서 이 합성 데이터를 생성할 수 없다.

이 경우 정규 분포와 지수 분포에서 표본을 추출할 수 있지만 이와 동시에 표본 추출 프로세스 중에 원하는 상관관계를 유도할 수 있다.[3] 그때 합성된 데이터 사이에 0.094의 실제 상관관계를 가지는 합성 데이터 분포를 가진다. 이는 원하는 상관관계 0.1에 상당히 가깝다.

........................

**3** Ronald L. Iman and W. J. Conover, "A Distribution-Free Approach to Inducing Rank Correlation Among Input Variables," Communications in Statistics – Simulation and Computation 11, no. 3 (1982): 311–334.

이 기본 프로세스는 여러 변수로 확장할 수 있다. 여러 변수 간에 이변량 관계의 상관 행렬을 지정할 수 있으며, 표본을 추출하는 프로세스와 동일한 프로세스로 원하는 상관관계를 유도할 수 있다.

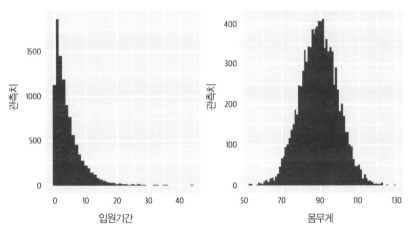

**그림 5-3** 표본 추출 시 상관관계를 유도해 몸무게와 입원기간을 기반으로 생성한 합성 데이터

이 프로세스는 데이터 분포를 고전적 분포 중 하나(가령 정규 분포, 지수 분포, 베타 분포)로 지정할 수 있는 경우 잘 작동한다. 3장에서 실제 데이터가 고전적 분포에 가장 잘 적합되는 방법을 찾아내는 방법을 논의했다.

### 5.1.3 알려진 한계 분포가 있는 코퓰러

합성 데이터를 생성하는 또 다른 접근법은 코퓰러[4]로, 합성하려는 대상 변수들은 서로 다르지만 여전히 그들 사이의 상관관계를 유지하는 한계 분포$^{marginal\ distribution}$를 모델링하는 것이다. 코퓰러의 주요 특징은 한계 분포의 정의를 상관관계 구조에서 분리하고, 분포로부터 표본을 추출해서 상관관계 구조를 유지하면서 새로운 데이터를 만들 수 있다는 것이다.

마지막 사례에서는 정규 분포$^{normal\ distribution}$와 지수 분포$^{exponential\ distribution}$라는 두 가지 한계 분포를 사용했다. 목적을 위해 가우시안 코퓰러$^{Gaussian\ copula}$를 사용할 것이다. 가우시안 코퓰러로

---

**4** 옮긴이_ 코퓰러란 간단히 말하자면 변수들 간의 상관관계 혹은 종속성을 나타내는 함수다.

0.1의 상관관계를 갖는 표준 다변량 정규 분포로부터 관측치를 생성한 다음, 생성된 값을 누적 밀도 함수cumulative density function(CDF)로 정규 분포와 지수 분포에 매핑한다. 이것을 '확률 적분 변환probability integral transform'이라고 한다. 표준 다변량 정규 분포에서 CDF를 계산한 다음, LOS와 몸무게에 대한 지수 분포와 정규 분포로 다시 분량을 계산한다. 코퓰러로 두 분포에서 5,000개 의 관측치를 표본으로 추출했으며, 관측치를 [그림 5-4]와 같이 나타냈다. 두 분포 사이에 실 제 0.094의 상관관계가 있어 원하는 상관관계에 매우 가깝다.

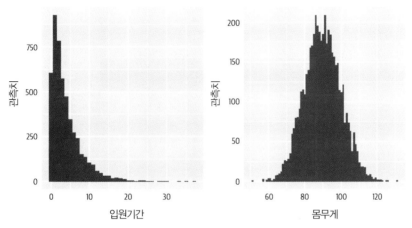

**그림 5-4** 가우시안 코퓰러로 몸무게와 입원기간에 대해 생성한 합성 데이터

다시 말하지만, 코퓰러가 포함하는 개념은 여러 변수로 확장될 수 있으며, 코퓰러의 한계 분포 를 지정할 때, 생성된 데이터셋은 분포가 서로 상당히 다른 경우에도 일반적으로 한계 분포와 이변량 상관관계를 유지할 것이다.

데이터 개수는 5,000개로 제한되지 않는다. 데이터셋을 생성할 때 훨씬 더 크거나 작은 데이터 셋도 생성할 수 있다. 생성된 표본 크기는 분석가의 필요에 따라 달라진다.

다음 절에서는 실제 데이터가 있는 경우의 사례를 살펴보고 그 데이터를 합성해본다. 이 경우 에는 이론적 분포를 사용할 수 없다. 즉 현상이 복잡하거나 잘 이해되지 않을 때다.

## 5.2 실제 합성 데이터 생성

실제 데이터를 사용할 수 있는 경우, 앞에서 설명한 프로세스를 적용할 수 있다. 가장 큰 차이점은 이론적 관계가 아닌 실제 데이터셋 모델을 기반으로 합성 데이터를 생성해야 한다는 점이다. 여기서는 이 과정을 설명하기 위해 병원 퇴원 데이터셋을 사용할 것이다. 이 예제 데이터셋은 다음의 '병원 퇴원 데이터셋'에 자세히 설명했다.

---

### 병원 퇴원 데이터셋

환자가 퇴원할 때마다 병원에서 그 환자의 경험과 관련된 모든 데이터를 취합해 표준화된 퇴원 데이터베이스에 저장한다. 데이터베이스는 의료 시스템 성능과 비용, 품질 개선, 공중 보건 등을 분석하는 데 매우 중요하다. 이 데이터를 퇴원 초록abstract 또는 요약이라고 한다.

여기서 사용하는 데이터셋은 일 년치이며 미국 주 한 곳에서 생성됐다. 이 데이터 중 다음 세 가지 변수만 고려한다.

- 퇴원 연령(AGE)
- 마지막 서비스 후 경과 일수days since last service(DSLS), 환자가 병원에서 마지막으로 서비스를 받은 게 며칠 전인지를 나타낸다.
- 입원기간(LOS), 환자가 입원한 일수를 표시한다.

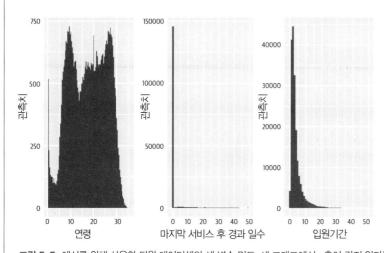

**그림 5-5** 예시를 위해 사용한 퇴원 데이터셋의 세 변수 밀도. 세 그래프에서 y축이 같지 않다는 점에 주목하라.

---

AGE가 0이면 출생을 의미한다. DSLS가 0이면 첫 번째 입원을 의미한다. LOS가 0이면 환자가 병원에서 아직 하룻밤도 머물지 않았다는 뜻이다. 이 세 변수의 분포를 [그림 5-5]에 나타냈다. 이 데이터셋에는 총 189,042개의 관측치가 있다.

여기서는 데이터에 있는 한계 분포를 일종의 고전적 분포에 적합시킬 필요가 있다. 분포 적합성은 3장에서 자세히 설명했다. 따라서 이 분포가 실제 데이터와의 최적 적합치에서 파생된다는 점을 제외하면, 우리는 여전히 고전적 분포로부터 데이터를 생성하고 있다.

## 5.2.1 알려진 분포에 실제 데이터 적합하기

세 가지 병원 변수의 경우, 여기서는 먼저 변수를 고전적 분포에 맞출 것이며, AGE가 베타 분포(이 경우 상수를 곱해서 약 100)를 따르고 DSLS와 LOS 모두 지수 분포를 따르기로 정했다. 그런 다음 앞에서 설명한 대로 적합된 분포에서 표본을 추출해서 원본 데이터와 동일한 상관관계를 유도할 수 있다.[5] 이 표본 추출 프로세스는 모든 크기의 합성 데이터셋을 생성할 수 있다(합성 데이터는 원본 데이터보다 훨씬 크거나 작을 수 있다).

이 프로세스는 [그림 5-6]의 상관관계를 제공한다. 보다시피, 합성 데이터 상관관계는 실제 상관관계에 꽤 가깝다.

|  | AGE | DSLS | LOS |
|---|---|---|---|
| AGE | 1 | 0.1617<br>(0.165) | 0.1968<br>(0.223) |
| DSLS | 0.1617<br>(0.165) | 1 | 0.1424<br>(0.168) |
| LOS | 0.1968<br>(0.223) | 0.1424<br>(0.168) | 1 |

그림 5-6 병원 퇴원 데이터의 변수 쌍의 원래 상관관계와 합성 상관관계를 비교하는 상관 행렬. 괄호 안의 값은 원래의 상관관계, 그 위의 값은 합성된 데이터의 유도 상관관계다.

........................................
5 Ronald L. Iman and W. J. Conover, "A Distribution-Free Approach to Inducing Rank Correlation Among Input Variables," Communications in Statistics – Simulation and Computation 11, no. 3 (1982): 311–334.

여기서 문제는 적합 분포(베타 분포와 지수 분포)가 실제 데이터에 적합하지 않다는 점이다. [표 5-1]에서 이 내용을 볼 수 있다. 이 분포들은 사용할 수 있는 가장 일반적인 분포 중에서 가장 좋은 분포였다. 이 표에서 헬링거 거리는 분포가 얼마나 유사한지 해석해주는 척도다.

표 5-1 적합된 분포의 표본들 간의 헬링거 거리와 퇴원 데이터셋의 실제 변수

| 변수 | 헬링거 거리 |
| --- | --- |
| 연령(AGE) | 0.972 |
| 마지막 서비스 후 경과 일수(DSLS) | 0.910 |
| 입원기간(LOS) | 0.917 |

실제 데이터에서 적합된 분포와 일치하는 합성 데이터를 생성하는 가우시안 코퓰러에서도 동일한 작업을 수행해보자. 변수들의 상관관계는 [그림 5-7]에 나타나있다. 보다시피, 생성된 데이터는 상관관계를 상당히 잘 유지한다.

| | AGE | DSLS | LOS |
| --- | --- | --- | --- |
| **AGE** | 1 | 0.157<br>(0.165) | 0.208<br>(0.223) |
| **DSLS** | 0.157<br>(0.165) | 1 | 0.164<br>(0.168) |
| **LOS** | 0.208<br>(0.223) | 0.164<br>(0.168) | 1 |

그림 5-7 병원 퇴원 데이터의 변수 쌍의 원래 상관관계와 합성 상관관계 비교. 괄호 안의 값은 원래의 상관관계. 그 위의 값은 가우시안 코퓰러로 생성된 데이터를 이용한 상관관계다.

가우시안 코퓰러로 생성된 한계 분포에 대한 헬링거 거리는 [표 5-1]과 같다. 결론은 이전의 결론과 같다. 즉 그 적합함에 그다지 설득력이 없다는 것이다.

따라서 실제 데이터를 고전적 분포에 적합시키려 할 때 그 적합이 가장 좋을 수 있지만, 그렇다고 해서 그것이 매우 좋은 것은 아니다.[6] 물론 그것이 좋을지 좋지 않을지는 데이터에 따라 다

---

6 옮긴이_ 즉, 고전적 분포(즉, 알려져있는 분포)에 적합하는 것이 안 좋을 수도 있다는 말이다.

르겠지만, 복잡한 보건 및 소비자 데이터를 가지고 합성 데이터를 만들고 있으며, 그것을 고전적 분포에 적합했을 때 종종 적합성이 나쁜 결과를 볼 수 있다. 모든 종류의 실제 데이터에 사용할 수 있는 반복 가능하고 확장 가능한 해결책을 찾아야 한다.

## 5.2.2 분포 적합을 위해 머신러닝 사용하기

앞 장에서 보았듯이 머신러닝 모델을 사용해 분포를 적합시킬 수 있다. 그리고 이로써 데이터의 실제 분포를 충실하게 반영하는 합성 데이터를 생성하는 모델을 구축할 수 있다. 머신러닝 적합 분포를 사용하면 상관관계를 유도하는 방법과 코퓰러에 분포를 적용할 수 있다.

[표 5-2]를 보면 적합 분포와 실제 분포의 유사성이 상당히 높다. 적합 모델을 사용해 모든 크기의 한계 분포를 생성할 수 있다.

**표 5-2** 머신러닝 방법을 사용해 실제 한계 분포로부터 구한 합성 한계 분포의 헬링거 거리

| 변수 | 헬링거 거리 |
|---|---|
| 연령(AGE) | 0.0001 |
| 마지막 서비스 후 경과 일수(DSLS) | 0.001 |
| 입원기간(LOS) | 0.04 |

이제 효용성(4장)에서 논의한 구별 가능성 메트릭distinguishability metric도 사용하겠다. 이 메트릭은 합성 데이터셋이 실제 데이터셋과 얼마나 유사한지 알려준다. [표 5-3]의 요약은 세 가지 접근법의 구별 가능성 메트릭을 보여준다. 표본 추출과 가우시안 코퓰러 중 상관관계를 유도하는 방법을 사용해서 알려진 분포 대신 머신러닝 적합 분포를 사용했다. 보다시피, 구별 가능성은 전반적으로 낮으며, 모든 방법은 매우 유사한 결과를 산출한다.

**표 5-3** 머신러닝 모델을 사용해 실제 데이터에 적합한 분포를 사용할 때 실제 데이터와 합성 데이터의 구별 가능성

| 방법 | 구별 가능성 |
|---|---|
| 상관관계 유도 | 0.005 |
| 가우시안 코퓰러 | 0.02 |
| 의사결정 트리 | 0.003 |

머신러닝 모델이 실제 데이터셋의 모델 분포보다 훨씬 더 우수하다는 중요한 사실을 명심하자. 이 모델은 일반적으로 실제 데이터를 고전적 분포에 적합시키려고 노력을 기울일 때보다 더 좋은 결과를 낼 것이다.

## 5.3 하이브리드 합성 데이터

이제 하이브리드 데이터를 만들고자 하는 상황을 생각해보자. 여기서 합성 데이터의 한 부분은 실제 데이터를 기반으로 하고, 또 다른 부분은 현상을 이론적으로 이해하지만 실제로 데이터를 가지고 있지는 않다. 본질적으로 이는 데이터에 신호를 추가한다.

병원 데이터 사례에서 흡연 수를 나타내는 새로운 변수를 추가한 다음 가우시안 코퓰러로 데이터셋을 합성해보자. 이 데이터셋은 전체 인원의 86%가 담배를 피우지 않음을 나타내는 지수 분포를 보일 것이다(일반 인구와의 일관성을 보장함). 원본 데이터에 [그림 5-8]과 같이 나타나도록 상관관계를 추가했다. 여기서 연령에는 약한 양의 상관관계, DSLS에는 중간 정도의 음의 상관관계, LOS에는 중간 정도의 양의 상관관계가 있다고 가정했다. 실제 데이터의 상관관계는 다이어그램의 괄호 안에 표시했다. 보다시피, 합성된 데이터에서는 전반적인 상관 구조가 상당히 잘 유지되고 있다.

|  | AGE | DSLS | LOS | 흡연 |
|---|---|---|---|---|
| **AGE** | 1 | (0.164)<br>0.12 | (0.222)<br>0.21 | (0.1)<br>0.093 |
| **DSLS** | (0.164)<br>0.12 | 1 | (0.162)<br>0.12 | (−0.3)<br>−0.22 |
| **LOS** | (0.222)<br>0.209 | (0.162)<br>0.12 | 1 | (0.3)<br>0.28 |
| **흡연** | (0.1)<br>0.093 | (−0.3)<br>−0.22 | (0.3)<br>0.28 | 1 |

**그림 5-8** 실제 데이터와 코퓰러로 생성한 합성 데이터를 보여주는 상관 행렬. 괄호 안의 값은 원래의 상관관계, 그 아래의 값은 합성된 데이터의 유도 상관관계다.

이제 기존의 상관관계를 유지하면서 실제 데이터에 부분적으로 기반하고 신호가 추가된 데이터셋을 합성하기 위해 앞에서 조사했던 방법을 사용한다. [표 5-4]의 두 가지 방법을 사용해서 세 가지 실제 변수의 실제 데이터와 합성 분포를 비교하는 헬링거 거리를 다시 볼 수 있다.

표 5-4 하이브리드 데이터를 생성하기 위해 가우시안 코퓰러를 사용한 합성 한계 분포의 헬링거 거리

| 변수 | 헬링거 거리 |
|---|---|
| 연령(AGE) | 0.0036 |
| 마지막 서비스 후 경과 일수(DSLS) | 0.004 |
| 입원기간(LOS) | 0.007 |
| 흡연 | 0.006 |

이 합성 데이터셋은 실제 정보와 가상의 정보를 결합해 하이브리드를 생성했다. 이 방법의 기본 원리를 더 많은 변수로 쉽게 확장할 수 있으며 다른 기법과 함께 사용할 수도 있다.

여기서 설명한 일련의 방법들은 인위적이고 현실적이며 복합적인 데이터를 생성하게 해주는 도구 상자를 제공한다. 게다가 그 방법들은 상당히 복잡한 데이터셋을 만들기 위해 임의의 수의 변수로 확장할 수 있다.

---

### 순차 머신러닝을 이용한 합성

합성 데이터를 생성하는 한 가지 방법은 일반적으로 사용되는 회귀와 분류 알고리즘을 기반으로 하는 것이다. 일반적으로 사용되는 알고리즘에는 분류 및 회귀 트리classification and regression trees(CART)[7]가 있지만 이들의 변형도 사용할 수 있다. 서포트 벡터 머신support vector machines과 같은 알고리즘도 사용 가능하다. 예시를 위해서, CART가 합성에 사용되고 있다고 가정한다.

그리고 A, B, C, D, E 등 변수가 5개 있다고 가정하자. 각 세대가 순차적으로 수행되기 때문에 순서를 매길 필요가 있다. 다양한 기준을 사용해서 시퀀스를 선택할 수 있다. 이 예에서는 순서를 A → E → C → B → D로 정한다.

---

**7** Leo Breiman et al., Classification and Regression Trees (Milton Park: Taylor & Francis, 1984).

프라임을 표기해 변수가 합성됐음을 나타내자. 예를 들어 A′은 A의 합성판이라는 것을 의미한다. 다음은 연속적으로 세대를 생성하는 단계다.

- A′을 얻기 위한 A 분포에서 표본
- 모델 F1 : E ∼ A 구축
- E를 E′ = F1(A′)로 합성
- 모델 F2 : C ∼ A + E 구축
- C를 C′ = F2(A′, E′)로 합성
- 모델 F3 : B ∼ A + E + C 구축
- B를 B′ = F3(A′, E′, C′)로 합성
- F4 모델 D ∼ A + E + C + B 구축
- D를 D′ = F4(A′, E′, C′, B′)로 합성

이 프로세스가 처음에는 일련의 모델 {F1, F2, F3, F4}를 적합시킨다고 생각할 수 있다. 이 모델들은 생성자generator를 구성한다. 이후 모델을 사용해 데이터를 생성할 수 있다. 모델을 사용해 데이터를 생성하면 예측된 터미널 노드에서 표본을 추출해 합성 값을 얻는다. 노드의 분포는 표본 추출 전에 평활smooth할 수 있다.

## 5.4 머신러닝 방법

합성 데이터 생성을 위한 대표적인 머신러닝 방법을 검토하겠다. 모든 종류의 회귀 및 분류 방법을 사용할 수 있지만 여기서는 의사결정 트리를 사용할 것이다. 분류 및 회귀 모델을 이용해 순차적으로 변수를 합성한다는 점에서 각각의 원리는 같다. 의사결정 트리에는 CART를 사용한다(앞서 설명한 '순차 머신러닝을 이용한 합성' 참조).

퇴원 데이터의 한계 분포 결과는 [표 5-5]에 나와있다. 여기서 합성된 분포와 원래 분포가 꽤 잘 일치함을 볼 수 있다.

**표 5-5** 합성 데이터셋을 생성하기 위해서 머신러닝 방법을 사용해 만든 합성 한계 분포를 위한 헬링거 거리

| 변수 | 헬링거 거리 |
| --- | --- |
| 연령(AGE) | 0.0033 |
| 마지막 서비스 후 경과 일수(DSLS) | 0.005 |
| 입원기간(LOS) | 0.0042 |

합성 데이터와 원본 데이터의 일치된 상관관계를 볼 수 있다. 따라서 트리는 상당량의 데이터 효용성을 유지할 수 있었다. 구별 가능성 메트릭은 0.003으로, 이 또한 상당히 낮아서 합성 데이터가 원래 데이터의 구조를 상당부분 유지했음을 나타낸다. 원본 데이터셋 변수와 합성 데이터셋 변수의 상관관계를 보여주는 [그림 5-9]의 행렬을 참조하자.

|  | AGE | DSLS | LOS |
| --- | --- | --- | --- |
| **AGE** | 1 | 0.164<br>(0.165) | 0.222<br>(0.223) |
| **DSLS** | 0.164<br>(0.165) | 1 | 0.162<br>(0.168) |
| **LOS** | 0.222<br>(0.223) | 0.162<br>(0.168) | 1 |

**그림 5-9** 의사결정 트리를 사용해 생성한 병원 데이터의 상관 행렬. 괄호 안의 값은 원래의 상관관계, 그 위의 값은 합성된 데이터의 유도 상관관계를 나타낸다.

## 5.5 딥러닝 방법

합성 데이터를 생성하기 위해 사용해온 일반적인 형태의 두 가지 인공 신경망 아키텍처가 있다. 둘 다 잘 작동하며, 경우에 따라서는 결합되기도 한다.

첫째는 변이형 오토인코더variational autoencoder(VAE)다. 다차원 데이터셋의 의미 있는 표현을 배우는 것은 비지도 방법unsupervised method에 속한다. 그것은 먼저 데이터셋을 더 적은 차원으로 더 컴팩트한 표현으로 압축하는데, 그 표현은 다변량 가우시안 분포인 경우가 많다. 이것은 학습

을 어렵게 만드는 요인이다. 인코더는 초기 변환을 수행한다. 그런 다음 디코더는 그 압축된 표현을 취하고 [그림 5-10]에 나타낸 것과 같이 원래 입력 데이터를 재구성한다. VAE는 디코딩된 데이터와 입력 데이터의 유사성을 최적화해 훈련한다. VAE는 데이터에 비선형 관계를 포착할 수 있다는 점을 제외하고 주요 성분 분석과 유사하게 기능한다.

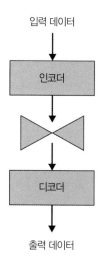

**그림 5-10** VAE 작동 방식에 대한 개념도

또 다른 아키텍처는 생성적 적대 신경망<sup>generative adversarial network</sup>(GAN)이다. GAN에는 생성기와 판별기라는 두 가지 구성요소가 있다. 생성기 신경망은 입력 무작위 데이터로, 정규 분포 또는 균일한 분포로부터 샘플링되며, 합성 데이터를 생성한다. 판별기는 합성 데이터와 실제 데이터를 비교함으로써 이전에 본 것과 유사한 경향 점수를 생성한다. 그런 차이의 결과는 생성기를 훈련하기 위해 다시 제공된다. 좋은 합성 모델은 판별기가 실제 데이터셋과 합성 데이터셋을 구별할 수 없을 때 생성된다. GAN 아키텍처는 [그림 5-11]에 나타냈다.

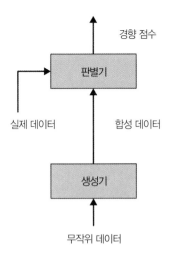

**그림 5-11** GAN 작동 방식에 대한 개념도

이 두 가지 접근법 모두 복잡한 데이터셋에서 상당히 높은 합성 효용성을 입증했으며 매우 활발히 연구되고 있다.


## 5.6 시퀀스 합성

많은 데이터셋은 모델링이 필요한 이벤트의 시퀀스로 구성된다. 여기서 데이터셋에 일련의 개별 이벤트가 있다고 가정해보자. 예를 들어 데이터셋은 의사 방문, 실험실 테스트, 처방전 받기 등과 같은 의료 행위를 위한 만남으로 구성될 수 있다. 데이터셋의 예는 [그림 5−12]의 데이터 모델에 설명했다.

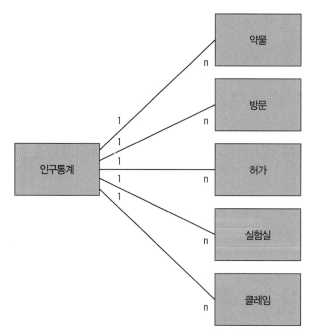

**그림 5-12** 여러 시퀀스가 있는 복잡한 상태 데이터셋의 예

각 환자를 위한 일부 환자 인구 통계를 포함하는 관계형 데이터 모델이 있다. 그리고 시간이 지남에 따라 환자에게 약물을 처방하는 여러 가지 이벤트가 있을 수 있다. 또한 진료소를 방문할 때마다 한 환자당 여러 이벤트가 있을 수 있다. 데이터 수집 기간 동안 한 번 이상 병원에 입원할 수도 있다. 환자당 여러 차례의 실험실 검사와 보험금 청구도 있을 수 있다. 따라서 데이터셋에는 때에 따라 개인당 여러 이벤트가 발생할 것이다.

이 이벤트 중 죽음과 같은 어떤 사건은 그 순서를 끝낼 수도 있다. 그 이벤트기 연구인 경우, 연구의 끝을 나타내는 또 다른 이벤트가 있을 수도 있다.[8] 많은 경우, 이들 데이터셋의 구성요소들은 이벤트 순서대로 정렬될 것이다.

이 데이터셋을 합성하려면 먼저 모든 이벤트 중에서 전이 행렬transition matrix을 계산해야 한다. 이는 특정 이벤트가 다른 이벤트로 이동하는 비율을 살펴봄으로써 경험적으로 추정할 수 있다. 예를 들어 A, B, C, D라는 4개의 이벤트를 한다고 하자. 그리고 이벤트에서 다른 이벤트로 이동하는 관점에서 생각해볼 때 C 다음에 아무것도 없다는 점에서 C를 말단 이벤트terminal event 라

---

**8** 옮긴이_ 연구 결과에 따라서 다음 행동이 결정될 수 있다는 점을 이야기하는 것으로 생각된다.

고 하자. 이벤트 A에서 이벤트 B로 전환되는 경우가 전체 경우에서 40% 정도라면, A에서 B로 이행될 확률은 0.4라고 말할 수 있다.

전이 행렬을 만들고 이벤트가 하나의 이전 이벤트에만 종속된다고 가정한다. 그러면 상당히 제한적일 수 있으며, 합성은 장기적 추세를 포착할 수 없을 것이다. 따라서 이벤트가 이전 두 이벤트(또는 그 이상도 가능 – 즉 몇 개의 이벤트를 볼지는 설계 때 결정하면 된다. 여기서는 목적을 위해 이전 이벤트 2개에만 의존한다고 가정할 것임)에 의존한다고 가정할 수 있다.

전이 행렬의 예가 [그림 5-13]에 나와있다. 이전의 이벤트가 두 개 있는데, 전환 확률과 함께 의료 환경에서는 순서가 중요하기 때문에 이들에는 이벤트 발생 순서가 있다. 행은 이전 상태를 나타내고, 열은 다음 상태를 나타낸다. 연속 상태 쌍들의 총 전이의 합은 1이어야 하므로 각 행은 1까지 추가해야 한다.[9] 또한 C 이벤트는 말단 이벤트이므로 C를 가지는 이전 상태는 없다.

| | A | B | C | D |
|---|---|---|---|---|
| **AB** | 0.31 | 0.29 | 0.39 | 0.00 |
| **BA** | 0.42 | 0.21 | 0.22 | 0.16 |
| **AD** | 0.64 | 0.11 | 0.08 | 0.18 |
| **DA** | 0.38 | 0.05 | 0.23 | 0.34 |
| **BD** | 0.41 | 0.31 | 0.26 | 0.02 |
| **DB** | 0.01 | 0.16 | 0.57 | 0.26 |

**그림 5-13** 4개의 이벤트가 있는 전이 행렬. 이때 C는 터미널 이벤트이고 위에서 언급한 것과 같이 1개의 이전 상태만을 가진다고 가정한다.[10]

여기서 합성하기를 원하는 모든 이벤트의 시작 상태를 결정해야 한다. 시작 상태는 다른 데이터에서 합성할 수 있다. 그러나 여전히 충분하지 않다. 시작 상태에서 두 번째 상태로의 또 다

---

**9** 옮긴이_ 한 행의 열 하나만 1이고, 나머지가 0일 경우

**10** 옮긴이_ 즉, 현재 상태와 이전 상태, 두 개만 고려한다. 조금 더 부연설명을 하자면, 일정한 시퀀스를 따라서 현재 상태가 B이고 B 이전 상태가 A이면, 그림에선 AB가 이에 해당한다.

른 전이 행렬을 구축할 필요가 있다. 이 행렬은 [그림 5-14]에 도시했으며 '스타터' 전이 행렬 역할을 한다.

|   | A | B | C | D |
|---|---|---|---|---|
| A | 0.20 | 0.40 | 0.30 | 0.10 |
| B | 0.36 | 0.34 | 0.25 | 0.04 |
| D | 0.34 | 0.48 | 0.17 | 0.01 |

**그림 5-14** 생성 시퀀스 시작을 위한 전이 행렬

각 환자의 경우, 시작 상태에서 시작한 다음 전이 확률에 따라 다음 상태를 무작위로 선택할 수 있다. 예를 들어 출발점 상태가 A일 경우 다음 상태가 B일 확률이 40%다. B가 선택됐다고 하자. 그럼 AB의 시퀀스를 가진다. 그때 두 번째 전이 행렬에서 AB 행(그림 5-13)으로 시작하고, 말단 노드에 도달할 때까지 그 행렬을 무작위로 이동한다. 예를 들어, AB 이후 임의로 다른 A 이벤트를 선택할 것이다. 이제 이전의 두 이벤트는 BA이며, C 이벤트로 이어질 수 있으며, 그것은 그 이벤트에 대한 시퀀스의 끝이다. 생성하길 원하는 만큼 이 작업은 반복된다.

시퀀스가 생성되면 합성 전이 행렬의 각 행과 실제 데이터 행렬 사이의 헬링거 거리를 계산해서 해당 시퀀스가 원본 데이터와 얼마나 유사한지 평가할 수 있다. 모든 행에 걸친 중위수$^{median}$는 시퀀스의 유사성을 전체적으로 측정할 것이다.

이 접근법은 잘 작동하지만 몇 가지 한계가 있는데, 이에 대해서는 다음 단락에서 요약할 것이다.

살펴본 사례는 단 두 개의 역사적 이벤트를 고려했을 뿐이다. 복잡한 데이터셋의 경우 고려해야 할 히스토리가 더 많을 것이며, 그렇지 않다면 생성된 데이터셋의 효용성이 제한될 것이다. 히스토리가 더 많은 가진 전이 행렬을 만들 수 있다. 이는 전이 확률을 추정하거나 계산하기에 충분한 데이터가 있는 경우 수행되며, 그렇지 않은 경우 다소 불안정할 것이다.

또 다른 일반적인 문제는 어떤 사건에는 데이터로 구별할 수 있는 순서가 없다는 것이다. 예를 들어 병원 방문 중에 실험실 테스트와 진단 영상 이벤트가 있을 수 있다. 그 데이터는 시시각각으로 이벤트들을 포착할 수 있다. 따라서 이 모든 이벤트가 사실상 동시에 일어난 셈이다.

이벤트 간의 간격도 고려해야 한다. 예를 들어 어떤 이벤트는 일주일 간격으로 일어나고, 어떤 이벤트는 몇 달 간격으로 일어난다. 두 사건 간의 발생 주기가 고정적이지 않을 수 있다(물론 데이터셋에 따라 달라진다). 예를 들어 상태 데이터셋에서 간격은 동일인의 이벤트에서도 상당히 다를 수 있다.

그리고 많은 분석에서 이벤트 발생기간을 살펴보기 때문에 간격 정보(가령 암 환자의 생존기간)는 매우 중요하다.

마지막으로, 이벤트에는 추가 속성이 있다. 예를 들어 실험실 테스트 이벤트는 해당 이벤트와 관련된 실험실 테스트의 결과를 가진다. 여기서는 설명할 때 속성을 고려하지 않았다.

따라서 앞에서 설명한 방식대로 모델링 시퀀스 또는 종단적인 데이터는 좋은 출발점이지만, 적용하려면 기법이 좀 더 발전해야 한다. 이런 유형의 데이터라면, 순환 신경망은 시퀀스를 모델링하고 더 많은 히스토리를 고려하기에 좋은 방법이 될 것이다.

## 5.7 요약

5장에서는 데이터를 합성할 때 구현하기가 비교적 간단하고 실제로 데이터 효용 측면에서도 좋은 결과를 얻는 몇 가지 방법을 개략적으로 설명했다. 순차 데이터를 다루는 방식도 살펴보았다.

일반적으로 머신러닝 방법을 사용한 데이터 합성은 상관관계가 있는 데이터를 유도하고 코퓰러를 사용할 때보다 더 좋은 데이터 효용성을 제공한다. 단, 후자는 더 단순한 데이터셋에 사용할 수 있는 유용한 기술이다.

데이터셋이 더 복잡해지면 머신러닝과 딥러닝 방식이 더 좋은 성과를 낼 것이다. 게다가 머신러닝과 딥러닝 모델 외에는, 실무에서 고도로 복잡한 데이터를 처리할 실제적인 기술도 없다. 그러나 이 방법의 종합적 비교는 실행된 바 없으며, 다양한 분석가가 각자 선호하고 지속적으로 최적화하는 방법을 선택할 뿐이다.

합성 방법을 선택할 때는 합성해야 하는 데이터 유형이 무엇인지와 그 데이터로 작업하는 데 얼마만큼의 수고가 드는지를 중요한 기준으로 삼아야 한다.

예를 들어 딥러닝 기법이 좋은 성과를 내기 위해 고군분투할 수 있는 작은 데이터셋이 있다고 하자. 이 경우 통계적 머신러닝 기법을 선택하는 것이 좋다. 게다가 통계적 머신러닝 기법은 연속형, 범주형, 이진형 변수의 혼합으로 이질적인 데이터셋과 쉽게 연동할 수도 있다.

데이터 합성이 광범하게 채택되려면, 합성 모델의 매개변수를 지속적으로 수정해 작동시키지 말아야 한다. 이상적으로 만들어진 합성 방법은 고된 수고 없이도 항상 꽤 좋은 결과를 산출할 것이다. 이런 방식의 합성은 도메인이나 합성 기법에서 비전문가들도 사용할 수 있다. 부담이 클수록 이 방법론을 이용하는 사람이 줄기 마련이다.

# CHAPTER 6

# 합성 데이터의 신원 식별

합성 데이터로 하는 프라이버시 위험 분석은 여전히 중요한 주제다. 프라이버시 분석의 맥락에서 위험은 개인 데이터와 관련된다. 만약 데이터가 개인과 관계없다면, 프라이버시를 우려하지 않을 것이다. 예를 들어, 만약 그 데이터가 처방전이나 자동차와 관련된 것이라면, 프라이버시를 걱정하지 않을 것이다. 그러나 데이터 합성은 개인에 대한 데이터를 생성하기 위해 폭넓게 사용되고 있으며, 따라서 여기서는 프라이버시가 함의하는 내용을 이해할 필요가 있다.

합성 데이터의 레코드와 원본 데이터의 레코드는 서로 고유하게 매핑되지 않기 때문에 합성 데이터의 개인 정보 보호 위험을 무시해도 된다는 통념이 있다.[1] 라이터Reiter는 "합성 샘플에서 단위와 그 민감한 데이터를 식별하는 것은 거의 불가능하다"고 했고,[2] 타우브 등Taub et al은 "재식별화의 관점, 즉 얼마나 많은 SDC(통계적 노출 제어) 방법이 노출 위험에 근접한지로 합성 데이터의 위험을 고려하는 것은 무의미하다고 폭넓게 인식되고 있다."고 말했다.[3]

그러나 실제로 합성 데이터를 생성할 때 합성 모델을 실제 데이터에 과적합하는 것은 가능하며, 이 내용은 이 책의 앞 장에서 논의했다. 이는 생성된 데이터가 원본 데이터와 매우 비슷하게 보임을 의미하며, 따라서 합성 데이터의 레코드를 실제 세계의 개인에게 매핑할 수 있는 프

---

**1** Jingchen Hu, "Bayesian Estimation of Attribute and Identification Disclosure Risks in Synthetic Data," arXiv, April 2018. *https://arxiv.org/abs/1804.02784.*

**2** Jerome P. Reiter, "New Approaches to Data Dissemination: A Glimpse into the Future (?)," CHANCE 17, no. 3 (June 2004): 11–15.

**3** Jennifer Taub et al., "Differential Correct Attribution Probability for Synthetic Data: An Exploration," in Privacy in Statistical Databases, ed. Josep Domingo-Ferrer and Francisco Montes (New York: Springer, 2018), 122–37.

라이버시 문제를 야기한다. 따라서 위험을 측정하려면 합성 데이터와 방법론의 프라이버시 위험을 추론할 수 있는 프레임워크가 필요하다. 실제로, 많은 조직의 법률 팀이 문헌상의 일반적인 보증에 만족하지 않고 여전히 합성 데이터의 프라이버시 위험이 낮다는 구체적 증거를 찾고 있다.

6장에서는 먼저 데이터 합성이 보호하려는 노출이 어떤 유형의 것인지 정확하게 정의한다. 그런 다음 미국과 유럽연합의 주요 프라이버시 규정이 합성 데이터를 어떻게 다루는지 상세히 검토한다. 마지막으로 프라이버시 보장 분석을 시작할 방법을 몇 가지 제안하며 이 장을 마칠 것이다.

# 6.1 노출 유형

이 절에서는 개인 정보의 다양한 노출 유형을 검토한 다음 그중 어떤 유형이 데이터 합성과 관계되는지 보여준다. 우리는 대부분의 경우 (보건 연구처럼) 데이터 분석의 사용이 유익함을 인정하면서도 때로는 문헌에 나타난 보수적인 이론적 견해와 조화를 이루려는 실용주의적 관점을 견지한다.

## 6.1.1 신원 노출

[표 6-1]의 간단한 데이터셋을 생각해보자. 여기에는 사람의 출신 국가와 소득이 있는 레코드가 세 개 있다. 현재 이것이 변형되지 않은 실제 데이터셋이라고 가정한다.

해커가 히로시라는 사람의 레코드를 찾으려 한다고 하자. 해커는 히로시가 그 데이터셋에 있음과 히로시가 일본인임을 알고 있다. 해커는 그 배경지식을 이용해서 데이터셋의 첫 번째 레코드가 히로시의 레코드라고 결론을 내릴 것이다. 이 경우 해커는 첫 번째 레코드에 신원을 할당했다. 이것을 신원 노출이라고 한다.

**표 6-1** 신원 노출을 보여주는 간단한 데이터셋

| 출신 국가 | 소득 |
| --- | --- |
| 일본인 | $120K |
| 북아프리카인 | $100K |
| 유럽인 | $110K |

히로시를 첫 번째 레코드와 매칭한 후, 해커는 미리 알지 못했던 히로시의 새로운 것을 알게 된다. 히로시의 소득은 12만 달러다. 이 내용은 이 장의 후반부에서 다시 살펴볼 중대한 논점이다.

여기서는 오직 레코드에 대한 정확한 신분 부여에만 신경을 쓴다. 이것은 합성 데이터(또는 일종의 비개인화된 데이터)의 레코드가 손상됐는지 여부를 고려하는 기본적인 기준 중 하나다. 예를 들어 해커가 히로시의 기준에 맞는 레코드를 찾지 못한다면, 노출은 일어나지 않는다. 해커가 히로시에게 두 번째 레코드를 할당한다면 틀릴 것이고, 따라서 노출될 일도 없다. 레코드에 신원을 잘못 할당하는 것은 해결할 수 있는 문제가 아니므로 정확한 신원 노출에만 초점을 맞춘다.

## 6.1.2 새로운 정보 알게 되기

[표 6-2]에 설명한 또 다른 상황을 보자. 여기서 해커는 히로시가 데이터셋에 들어있고, 출생 연도가 1959년이며, 남자이고, 12만 달러를 번다는 사실을 알고 있다. 이 네 가지를 알면 해커는 첫 번째 레코드가 히로시의 것이라고 확신 있게 말할 수 있다. 그러나 해커는 자료의 모든 정보를 참작해서 히로시의 레코드를 결정했다. 이러한 이유로 해커는 히로시에 대해 새로운 내용을 획득하지 못한다. 즉, 이 행위로 얻는 정보 이득은 0다.

해커가 히로시에게 속하는 레코드를 확인했음에도 정보 이득이 0일 때, 정말로 의미 있게 신분이 노출된 것은 아니다. 이론상으로는 개인에게 레코드를 할당하는 것이 좋은 일이 아니지만, 실제로 정보 이득이 0이라면 신원 노출에 아무런 의미가 없다. 이 경우 개인에 대한 위해의 위험은 무시해도 될 정도다.

표 6-2 해커가 새로운 내용을 획득하지 못한 경우의 신원 노출을 보여주는 간단한 데이터셋

| 출생연도 | 성별 | 소득 |
|---|---|---|
| 1959 | 남성 | $120K |
| 1959 | 남성 | $100K |
| 1959 | 여성 | $120K |
| 1959 | 남성 | $110K |
| 1955 | 남성 | $120K |

따라서 노출의 발생 여부를 결정할 때 고려해야 할 중요한 기준은 노출로 정보 이득이 생기는지 여부다.

## 6.1.3 속성 노출

또 다른 유형의 노출은 속성 노출로, 실제로 레코드를 식별하지 않고 데이터셋의 개인 그룹에 대해 새로운 것을 알게 될 때 일어난다. 연령, 성별과 진단을 보여주는 보건 데이터셋인 [표 6-3]의 데이터를 생각해보자.

해커는 히로시가 자료에 들어있고, 남성이며, 1959년에 태어났음을 알고 있다. 이 데이터셋을 보면 해커는 앞에 나온 세 가지 레코드 중 하나가 히로시의 것이라고 단정할 수 있겠지만, 구체적으로 어떤 레코드가 히로시의 것인지 알지 못한다. 해커는 히로시가 전립선암에 걸렸다고 100% 확신을 가지고 단정할 수도 있다. 이 경우 히로시는 1950년부터 1959년 사이에 태어난 남성 그룹의 일원으로, 이 그룹의 구성원 모두가 전립선암에 걸리게 된다. 비록 해커가 히로시에게 레코드를 할당할 수는 없지만, 히로시가 그 그룹의 일원이라는 사실 때문에 해커는 그에 대해 결론을 도출하고 새로운 것을 알게 됐다.

표 6-3 속성 노출을 나타내는 간단한 데이터셋

| 출생연도(10년 단위) | 성별 | 진단 |
|---|---|---|
| 1950~1959 | 남성 | 전립선암 |
| 1950~1959 | 남성 | 전립선암 |
| 1950~1959 | 남성 | 전립선암 |

| 1980~1989 | 남성 | 폐암 |
|---|---|---|
| 1980~1989 | 여성 | 유방암 |

해커가 여기서 효과적으로 한 일은 연령과 성별을 진단과 연관해 모델을 만든 것이다. 이 데이터셋에서 모델의 불확실성은 없다(즉, 1950년에서 1959년 사이에 태어난 모든 남자는 전립선암 진단을 받는다).

한 걸음 더 나아가 분석을 실시했다고 하자. 이때 사용한 [그림 6-1]의 의사결정 트리는 데이터에 실행되는 머신러닝 알고리즘으로 구축돼 저널에 게재됐던 것이다. 분석을 실시했을 때 위데이터를 히로시의 세부사항과 일치시킨다면, 그 모델에 따라 전립선암에 걸릴 확률이 매우 높음을 알 수 있다. 이 경우 히로시의 특성을 바탕으로 모델에서 추론을 도출하고 있다.

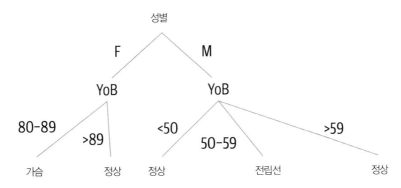

**그림 6-1** 종양학 데이터셋으로 구축한 의사결정 트리

해커가 구축한 모델은 단순했지만, 다른 유형의 데이터셋에서는 모델이 변수 간의 상호작용으로 더 복잡함을 쉽게 상상할 수 있다. 그러나 모델의 복잡성은 별로 중요하지 않다. 해커는 통계나 데이터 분석을 이용했다. 데이터 분석의 본질은 특정 특성을 가진 개인 그룹에 대해 결론을 도출하는 모델을 구축하는 것이다.[4]

여기서 주목할 또 다른 점은 해커가 데이터에 없는 개인에 대해 결론을 내릴 수 있다는 것이다. 데이터셋이 모집단을 대표하는 경우, 1950년에서 1959년 사이에 모집단에서 태어난 모든 남

---

**4** 데이터가 개인에 관한 것이라고 가정한다. 만약 데이터셋이 자동차에 관한 것이라면, 그 모델은 자동차 종류에 대한 결론을 도출하기 위해 만들어진다.

자에 대한 결론을 도출할 수 있다. 예를 들어 사토시가 1955년에 태어난 남자이고 데이터에 나오는 인구의 일원이라면, 합리적으로 사토시 역시 전립선암에 걸렸다는 결론을 내릴 수 있다. 여기서 해커는 데이터에도 없는 개인에 대해 새로운 내용을 알게 되며, 이를 확신한다. 다시 말하지만, 이것이 통계의 본질이다.

해커는 사토시에게 속하는 레코드가 자료에 들어있지 않기 때문에 레코드를 확인하지 않았다. 데이터에 사토시의 레코드가 있는지 없는지는 여기에서 상관없다. 신분 노출 없이도 추론할 수 있는 모델이 있다는 점이 요점이다.

여기서는 통계를 제한하고 싶지 않다. 그러면 AI와 데이터 분석의 전체 목적이 물거품이 된다. 그러므로 속성 노출을 전면 금지하는 처사는 다소 과민한 반응이 될 것이다.

## 6.1.4 추론적 노출

이번에는 [표 6-4]의 데이터셋을 생각해보자. 여기서 해커는 앞의 예와 같은(데이터에서 남성이고, 1959년 출생) 히로시의 배경 정보를 알고 있다. 해커는 히로시가 전립선암에 걸렸다고 단정할 수 있는데 확신은 50%에 불과하다. 사토시의 경우도 마찬가지로, 해커는 사토시가 데이터에 없더라도 50% 확신을 가지고 전립선암에 걸렸다고 단정할 수 있다.

**표 6-4** 속성 노출을 나타내는 간단한 데이터셋

| 출생연도(10년 단위) | 성별 | 진단 |
| --- | --- | --- |
| 1950~1959 | 남성 | 전립선암 |
| 1950~1959 | 남성 | 전립선암 |
| 1950~1959 | 남성 | 폐암 |
| 1950~1959 | 남성 | 폐암 |
| 1980~1989 | 여성 | 유방암 |

이것이 통계/데이터 분석의 본질이라는 기본 요점은 여전히 유효하다. 이 사례와 [표 6-3] 사례의 차이는 확신의 수준이다. 어떤 경우에는 더 정확한 모델이 구축됐다. 그러나 히로시에게 속한 레코드는 아직 확인할 수 없으며, 히로시에 대해 새로운 것을 알 수 있는 유일한 이유는 히로시가 모델로 삼은 그룹의 일원이기 때문이다.

## 6.1.5 의미 있는 신원 노출

데이터 합성이 어떤 것을 보호할 것인지 구체화할 필요가 있다. 여기서는 속성 노출과 추론적 노출이 둘 다 통계 분석의 형태라고 논했으며, 따라서 이들 노출로부터 보호하기 위해서 합성을 원하는 것이 아니다. 오히려 합성 데이터로 모델을 구축하기를 원하며, 합성 데이터로 추론을 도출하기를 원한다. 이 둘 모두 해당 데이터셋에서 개인에게 속한 레코드를 식별하지 않고 특정 특성을 가진 그룹과 관련될 것이다. 이를 명확히 해야 하는 이유는 일부 규제가 개인 정보를 비개인적<sup>nonpersonal</sup>으로 만들어 속성 노출과 추론적 노출로부터 보호할 방법을 요구하는 경향이 있기 때문이다.[5]

우리는 신원 노출로부터 보호해주는 합성을 원한다. 이는 문제가 될 수 있는 노출에 대해 필요하지만 불충분한 조건이다. 두 번째 조건은 약간의 정보 이득이 있다는 것이다. 이 두 가지 조건이 모두 충족될 때 '의미 있는 신원 노출'이라고 한다.

임의의 레코드를 식별하지 않고 개인 그룹에 대해 새로운 것을 알게 되면 잠재적으로 그룹의 일원에게 위해를 끼칠 수 있다. 예를 들어, 만약 해커가 그룹의 일원이 사회적으로 지탄받는 질병이나 상황에 처했음을 알게 된다면, 잠재적 해를 끼칠 수 있다. 또는 그 데이터로 구축된 모델이 그룹 일원에게 해롭게 사용될 수 있다. 예를 들면, 은행 대출이나 보험의 대상을 결정할 때 해로운 방식으로 작용할 수 있다. 합법적인 우려이지만, 데이터 합성은 그런 일로부터 보호하지 못할 것이다. 높은 효용성을 유지하는 합성 데이터는 데이터의 원래 관계를 유지하는 모델을 만들 수 있다. 따라서 실제 데이터의 모델을 부적절한 방법으로 사용할 수 있다면, 합성 데이터의 모델도 그렇게 사용할 수 있다. 이런 우려는 데이터와 모델 사용을 윤리적으로 검토해 다룰 필요가 있다. 합성 프로세스의 변화를 통해 다룰 수는 없다.

특정 정보가 해를 끼치는지, 아니면 데이터에서 나온 모델의 사용이 잠재적으로 차별적인지 여부는 현재의 문화적 규범과 대중의 기대치와 관련되며, 시간이 지나면서 차츰 변화한다. 예를 들어, 사람들의 DNA를 보관하는 바이오뱅크를 만들어 연구와 다른 이차 목적으로 사용하는 것이 적절한지를 묻는 질문은 10년 전에 논란이 됐지만 지금은 덜 그렇다. 따라서 평가는 주관적이며, 이러한 윤리적 요청을 담당하는 개별 그룹이 이러한 종류의 위험을 관리하는 알려진 방법이다.

---

**5** 예를 들어, 다음 논문의 논의와 참고문헌을 참고한다. Khaled El Emam and Cecilia Alvarez, "A Critical Appraisal of the Article 29 Working Party Opinion 05/2014 on Data Anonymization Techniques," International Data Privacy Law 5, no. 1 (2015): 73–87.

### 6.1.6 정보 이득 정의

신원 노출에서 얻는 정보 이득의 개념을 생각해보자. 정보 이득의 개념을 논하기 위해서는 정보가 얼마나 특이한지를 평가할 필요가 있다. 예를 들어 아이코에게 아이가 네 명 있다고 하자. 아시아계 미국인 중에서 40~44세 여성으로 자녀를 네 명 이상 둔 사람은 10%에 불과하다. 반면 게이코에게는 자녀가 두 명밖에 없으며, 이런 여성은 미국 내 아시아계 미국인 여성에서 상당히 흔하다(50%). 따라서 아이코의 자녀 수가 아시아계 미국인 인구 내에서 두드러지기 때문에 아이코의 자녀 수를 알면 게이코의 자녀 수를 알 때보다 더 많은 정보를 얻을 수 있다. 사실 자녀가 둘인 경우는 미국의 인종을 통틀어 가장 흔하며, 단지 자녀 수를 추측하는 것만으로도 누구인지 알아맞힐 확률이 대거 높아진다.

의미 있는 신원 노출을 평가할 때 중요한 요소는 개인에 대해 알게 되는 특정 정보가 얼마나 일반적인 정보인가 하는 것이다. 물론 이 분석에서는 합성 자료에서 아이코와 게이코의 자녀 수가 맞는다고 가정했다. 실제로 이러한 값도 합성될 것이므로 합성 레코드에서 생성되는 수치가 실존 인물의 참 값과 같거나 근사하지 않다면 정보 이득은 전혀 없거나 제한적일 것이다.

### 6.1.7 모든 것을 하나로 모으기

[그림 6-2]의 의사결정 트리는 데이터 합성이 유의미한 신원 노출로부터 보호하는 위험의 유형을 보여준다. 여기에 언급한 다양한 유형의 노출로 인한 위험은 윤리적 검토와 기타 거버넌스 메커니즘을 통해 관리되지, 데이터 합성을 통해 관리되지는 않는다.

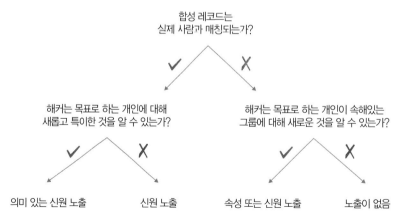

그림 6-2  의미 있는 신원 노출의 위험이 있는지 여부를 결정하는 의사결정 트리

다음 절에서는 데이터 합성으로 의미 있는 신원 노출을 관리하는 법적 측면을 검토한다.

## 6.1.8 고유한 일치

많은 데이터셋에서 실제 데이터 샘플('실제 샘플')은 일부 모집단의 하위 샘플이다. 이 실제 샘플에는 합성 데이터셋('합성 샘플')과 일치하는 레코드가 있을 수 있다. 바로 준식별자$^{\text{quasi-}}$ $^{\text{identifier}}$이며, 이는 해커가 모집단의 실제 사람들에 대해 알 수 있는 변수의 하위셋이다. 만약 해커가 합성 레코드를 인구 내의 사람과 일치시킬 수 있다면, 신원이 노출된다. 이 개념을 [그림 6-3]에 설명했다.

잠재적으로 식별할 수 있는 레코드의 합성 데이터를 선별하는 간단한 방법 하나는 합성 샘플의 고유 레코드와 일치하는 실제 샘플의 고유 레코드를 식별하고 제거하는 것이다. 예를 들어 실제 샘플에 50세 남성(연령과 성별 변수는 준식별자)이 한 명뿐이고 합성 샘플에 50세 남성이 한 명이라면 이 두 레코드가 확실하게 일치한다. 다음 질문은 '실제 샘플에 있는 50세 남성이 모집단 중 누구와 높은 확률로 일치하는가'이다.

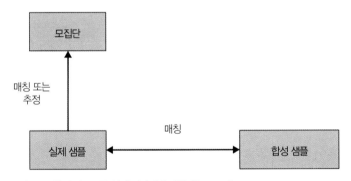

**그림 6-3** 합성 레코드를 실제 사람에게 매칭하는 프로세스

식별 위험은 모집단 내에 존재하는 데이터 각각에 따른 개별 함수[6]이며, 대부분의 실제 데이터 셋이 해당 모집단의 샘플을 나타내기 때문에 실제 데이터에서 고유한 레코드가 모집단 내에서 반드시 고유하지만은 않다. 예를 들어 50세 남성이 10명인 경우 실제 레코드가 적합한 데이터

---

6  옮긴이_ 원문에도 function으로 돼 있다. function이라고 한 이유는 합성 샘플을 정의역, 모집단에서의 특정 샘플 또는 샘플 그룹을 치역으로 생각해서인 듯하다.

를 정확히 찾을 확률은 1:10이다. 매우 보수적인 접근법은 만약 레코드가 실제 샘플에서 유일하다면, 모집단의 특정 레코드와 정확하고 확실하게 일치하리라고 가정하는 것이다. 그리고 만약 그 레코드가 차례로 합성 샘플의 고유한 레코드와 일치한다면, 합성 샘플과 레코드 간의 일대일 매핑을 설정한다.

병원 퇴원 데이터 합성에 의사결정 트리를 사용한 이전 장의 사례로 돌아가보면, 레코드의 4%가 합성 데이터에서 고유하고 실제 데이터셋에서도 고유함을 알 수 있다. 따라서 이러한 레코드는 개인 정보 보호 조치로서 합성 데이터셋에서 제거될 수 있다.

이 접근법은 실제로 상당히 보수적이며, 합성 데이터셋의 신원 노출 위험을 경험적으로 평가하는 간단한 첫 단계로 간주할 수 있다. 해커가 사용할 수 있는 다양한 공격 방법을 설명하면서, 합성 레코드를 실제 사람에게 매칭할 확률을 통계적으로 추정하는 데 더 정교한 방법을 적용할 수 있다.

## 6.2 개인 정보 보호법이 합성 데이터의 생성과 사용에 미치는 영향

합성 데이터는 개인의 프라이버시를 보호하는 동시에 대규모 과학 연구와 상업적 연구를 촉진하는 데이터 공유와 데이터 접근 장벽을 위한 강력한 솔루션을 제공한다.[7]

실제 개인 정보의 원본 셋은 합성 데이터셋의 생성과 평가에 사용된다. 합성 데이터셋은 실제 데이터셋에서 생성된다. 합성 데이터셋은 실제 데이터와 통계 속성이 동일하다. 그러나 합성 데이터셋은 실제 데이터가 아니다. 어떤 실존하는 개인이나 사람들에 관한 자료가 아니라는 뜻이다. 합성 데이터셋의 단일 레코드는 실제 데이터셋의 개인 또는 레코드와 일치하지 않는다. 그리고 결과적인 합성 데이터셋이 원래 데이터셋에서 실제 사람의 정보를 실수로 노출하지 않도록 하기 위해, 프라이버시 보장 프로세스는 합성 데이터의 프라이버시 위험을 평가해서 실제 데이터와 합성 데이터를 비교하며 위험을 평가하고 제거한다.

---

[7] 이 절은 오직 정보 제공을 목적으로 한다. 어떠한 법적 의견이나 결론을 제공하지 않으며, 법률 자문을 구성하지 않으며, 독자의 특정 문제에 대해 자격을 갖춘 변호사로부터 전문적인 법률 자문을 얻는 대안이 되지 않는다. 이 자료는 Hintze Law 회사의 Mike Hintze가 준비했다.

합성 데이터는 전통적으로 데이터의 식별 해제(또는 비식별화)de-identification라고 생각해온 것과 다르다. 식별 해제는 직접 식별자와 간접 식별자를 제거하고 마스킹하거나 변환하기 위해 데이터셋을 변경하는 수단이다. 그러나 식별되지 않은 데이터는 여전히 실제 개인과 관련된 실제 데이터다. 식별 해제는 단지 레코드의 임의의 개인을 데이터로 식별할 확률을 낮췄으며, 식별 제거 방법과 그 정도에 따라 탁월한 위험 완화 조치가 될 수 있다. 그러나 해당 법률에 따라 여전히 개인 정보로 취급되며, 여전히 상당한 규제 비용regulatory overhead이 있을 수 있다. 데이터 취득자data recipients와의 계약을 체결하고, 보안 예방 조치를 취해야 하며, 배포를 제한해야 할 수도 있다.

합성 데이터는 다르다. 실제 사람들과 관련된 실제 데이터가 아니다. 합성 데이터셋과 원본(실제) 데이터셋의 레코드에는 연결 관계가 없다. 적절하게 수행될 경우, 합성 데이터의 생성은 실제 사람의 신원이나 실제 사람에게 특정된 정보를 나타내도록 역설계될 수 없는 데이터셋을 생성해야 한다.[8] 주어진 합성 데이터셋에서, 이 결론은 통계 분석을 통해 시험 가능하고 검증 가능하다. 따라서 개인 정보 보호법privacy law에 구속되지 않는, 적절하게 생성되고 검증된 합성 데이터셋을 자유롭게 배포(공공 노출 포함)할 수 있으며, 분석과 연구에 광범하게 사용할 수 있다.

그렇다고 개인 정보 보호법과 무관하다는 뜻은 아니다. 합성 데이터는 실제 데이터셋에서 시작해야 하므로, 해당 실제 데이터셋의 처리와 사용은 여전히 개인 정보 보호법에 규제될 것이다.

조직이 사내에서 합성 데이터를 생성하는 능력과 전문지식을 갖추지 못한 경우, 합성 데이터를 생성하기 위해 서비스 공급업체와 원본(실제) 데이터셋을 공유해야 할 수 있다. 그 공유는 또한 개인 정보 보호법의 규제를 받을 것이다.

이 절에서는 유럽의 일반 데이터 보호 규정General Data Protection Regulation(GDPR)[9], 캘리포니아 소비자 개인 정보 보호법California Consumer Privacy Act(CCPA)[10], 미국 의료보험 이전과 책임에 관한 법

---

**8** 이 결론은 합성 데이터셋을 사용하는 사람이 원래 데이터셋에 대한 접근 권한을 가지고 있거나 얻게 되더라도 유효하다. 합성 데이터를 생성하는 주요 목적이 실제 개인 데이터에 대한 접근 권한을 부여하지 않고 데이터 사용과 분석의 이점을 실현하는 것이므로 대부분의 경우 유사한 상황이 발생하지 않는다. 그럼에도, 원본 데이터셋에 대한 강력한 접근 통제와 같은 추가적인 안전장치를 마련하고, 재설계하거나 합성 데이터를 원본 데이터와 연결하려는 모든 시도에 대해 계약상 금지 조치를 취하는 것이 마땅하다.

**9** Regulation (EU) 2016/679 of the European Parliament and of the Council of 27 April 2016 on the protection of natural persons with regard to the processing of personal data and on the free movement of such data, and repealing Directive 95/46/EC (General Data Protection Regulation), 2016 O.J. (L 119) 1 (hereinafter "GDPR").

**10** California Consumer Privacy Act of 2018, Cal. Civ. Code §§1798.100–1798.199 (hereinafter "CCPA").

률 Health Insurance Portability and Accountability Act (HIPAA)[11]의 세 가지 주요 개인 정보 보호법에 따라 합성 데이터의 생성과 사용이 어떻게 규제되는지 설명한다.

이 장에서는 개인 정보 보호법에 대해 다음 세 가지 질문을 검토한다.

- 합성 데이터셋을 생성 및/또는 평가하기 위해 원래(실제) 데이터셋을 사용하는 것이 법률에 의해 제한되거나 규제되는가?
- 합성 데이터셋을 생성하기 위해 원래 데이터셋을 타사 서비스 공급업체와 공유하는 것이 법률에 의해 제한되거나 규제되는가?
- 합성 데이터셋이 만들어진 후에도 법이 규제하거나 영향을 미치는가?

요컨대, 이들 법률이 합성 데이터의 생성과 평가뿐만 아니라 제삼자 서비스 공급업체와의 원본 데이터셋 공유도 규제하거나 잠재적으로 규제하지만, 큰 장해가 되지는 않는다. 서비스 공급업체와 원본 데이터를 공유하는 것은 적절한 계약이 체결되고 당사자들이 그 요구사항을 준수하는 한 허용된다. 그리고 일단 완전히 합성된 데이터셋이 생성되면, 이 데이터는 법적 범위를 벗어나는 것으로 간주돼야 하며, 따라서 데이터의 후속 사용이나 배포(데이터를 공공에서 이용하는 것 포함)에 어떤 제한도 받지 않는다.

어떤 정보를 식별화할 수 있게 만들지에 대한 의견을 분석하는 것으로 마무리한다. 여기서 의견이란 유럽 규제기관의 자문기구(제29조 실무 당사자)에서 발표한 의견을 말한다. 여기서는 그 의견에 대한 실용적 해석을 제공하고 그것이 어떻게 합성 데이터에 적용될 수 있는지 설명한다.

## 6.2.1 GDPR 이슈

여기서는 GDPR이 합성 데이터의 생성과 사용에 어떻게 적용되는지 묻는 일반적인 질문 몇 가지를 다룬다.

------

11 Health Insurance Portability and Accountability Act of 1996, Pub. L. 104-191 (hereinafter "HIPAA"); Standards for Privacy of Individually Identifiable Health Information, 45 C.F.R. Parts 160 and 164 (hereinafter "HIPAA Privacy Rule").

## 합성 데이터셋을 생성 그리고/또는 평가하기 위해 원래(실제) 데이터셋을 사용하는 것이 GDPR에 의해 제한되거나 규제되는가?

그렇다. GDPR은 개인 데이터의 모든 '처리'를 규제한다. 그리고 '처리'는 "자동화된 수단에 의해서든 아니든 간에 개인 데이터나 개인 데이터셋에서 수행되는 모든 작업 또는 작업 집합"으로 정의된다.[12] 합성 데이터의 생성에는 실제 데이터셋의 처리가 포함되기 때문에, GDPR이 개인 데이터 처리에 부여하는 의무는 합성 작업에 적용된다.

특히 GDPR은 개인 정보를 처리할 수 있는 '법적 근거'가 있어야 한다고 규정하고 있다. 따라서 원래 데이터셋에 개인 데이터가 포함돼있는 한, 합성 데이터셋을 생성하거나 평가하기 위해 해당 데이터셋을 사용하려면 법적 근거가 필요하다. GDPR에는 몇 가지 법적 근거가 있는데, 그중 잘 알려진 법적 근거는 개인의 동의다.

그러나 합성 데이터셋을 생성하기 위해 데이터셋에 들어있는 모든 개인의 동의를 얻기는 종종 비현실적이거나 불가능하다. 또한 합성 데이터를 생성하기 위해 데이터 주체data subject의 동의를 구하는 것(그리고 동의하지 않는 개인의 데이터를 제외하는 것)은 동의 편향의 유의미한 증거가 있기 때문에 생성된 합성 데이터의 통계적 타당성을 훼손할 수 있다.[13]

대신 더 실질적이고 적절한 법적 근거는 '합법적 이익legitimate interests'일 것이다. 이 법적 근거는 데이터 관리자data controller나 제삼자의 합법적 이익이 데이터 주체의 이익이나 권리를 초과하는 경우에 적용된다. 이 법적 근거의 사용에는 균형 테스트balancing test가 자리잡고 있다. 이러한 맥락에서 합성 데이터셋을 생성하기 위해 개인 데이터를 처리할 때 얻는 이익을 고려해야 하며, 데이터 주체에 대한 위험 대비 이익이 얼마나 되는지도 고려해야 한다.

합성 데이터셋이 과제의 달성을 도울 목적으로 데이터를 사용할 필요나 바람이 있거나, 합성 데이터셋의 사용으로 자사의 법적 위험을 줄이고 개인의 프라이버시를 보호하면서 유익한 연구를 진전시키고자 하는 조직은 연구용으로 사용할 수 있는 합성 데이터셋의 생성에 매우 큰 관심이 있을 것이다. 다른 관점에서는 실제 데이터를 사용하는 대신 합성 데이터의 생성이 안전한 환경에서 행해진다고 가정하면, 데이터 주체에 대한 위험은 거의 없거나 전혀 없다. 반대

---

**12** GDPR Art. 4(2).

**13** See Khaled El Emam et al., "A Review of Evidence on Consent Bias in Research," The American Journal of Bioethics 13, no. 4 (2013): 42–44. https://oreil.ly/5x5kg; Michelle E. Kho et al., "Written Informed Consent and Selection Bias in Observational Studies Using Medical Records: Systematic Review," BMJ 338:b866 (March 2009). *https://doi.org/10.1136/bmj.b866.*

로 데이터 주체는 합성 데이터를 대신 사용할 수 있을 때 연구 목적으로 원본(실제) 데이터셋을 공유하고 사용하는 데 따른 내재된 위험을 제거하기 때문에 합성 데이터 생성에 관심이 있다. 따라서 합법적인 이익 균형 테스트legitimate interests balancing test는 합성 데이터셋을 생성하기 위해 개인 데이터를 사용하는 것에 매우 유리하게 나온다.

GDPR은 처리에 대한 법적 근거를 수립할 필요성 외에도 개인 데이터의 수집, 사용, 노출과 관련된 많은 추가 의무를 다루며, 이 의무는 개인 데이터의 모든 처리에 적용되듯 이 시나리오에도 적용된다. 따라서 원본 데이터셋을 취급하는 조직은 개인 데이터가 무단 접근이나 노출로부터 안전하게 보호되고 있는지 확인해야 한다.[14] 조직은 고지 의무와 투명성 의무를 준수해야 하므로 해당 개인 정보 보호 고지가 합성 데이터셋의 생성, 테스트와 관계된 해당 처리 유형을 숙고하고 그것의 노출에 신중을 기해야 한다.[15] 그리고 조직은 그 처리 활동에 대한 레코드를 유지해야 한다. 또한 조직은 합성 데이터를 생성하기 위해 데이터를 사용하는 것이 어떤 방식으로든 레코드에 반영됐는지 간단히 확인해야 한다.

그러나 합성 데이터 생성에 사용되는 데이터셋의 유무에 관계없이 어떤 경우에든 원본 데이터셋의 수집 및 처리와 관련해 조직이 충족해야 하는 의무가 있다. 합성 데이터를 생성하기 위해 개인 데이터를 사용하는 것은 조직이 의무를 이행하는 방식에 적지 않은 영향을 미칠 것이다. 그러나 근본적으로 새로운 의무를 부과하지 않으며, 기존 의무를 이행하는 부담이나 어려움을 크게 더하지도 않는다.

## 원래 데이터셋을 타사 서비스 공급업체와 공유해서 가상 데이터셋을 생성하는 것이 GDPR에 의해 제한되거나 규제되는가?

GDPR에 따르면, 개인 데이터를 처리하는 모든 개체는 데이터 관리자data controller 또는 데이터 처리자data processor가 될 것이다. 데이터 관리자는 "개인 데이터 처리의 목적과 방법을 다른 사람과 단독으로 또는 공동으로 결정"하는 개체다. 데이터 처리자는 관리자를 대신해 관리자의 지시에 따라 개인 데이터를 처리하는 개체를 말한다. 이 논의의 목적상, 데이터셋의 소유자는 데

---

**14** GDPR Art. 32 ("Taking into account the state of the art, the costs of implementation and the nature, scope, context and purposes of processing as well as the risk of varying likelihood and severity for the rights and freedoms of natural persons, the controller and the processor shall implement appropriate technical and organisational measures to ensure a level of security appropriate to the risk").

**15** GDPR Art. 13(1) ("the controller shall, at the time when personal data are obtained, provide the data subject with all of the following information... (c) the purposes of the processing for which the personal data are intended").

이터 관리자이며, 관리자가 데이터셋으로 합성 데이터를 생성하기 위해 고용하는 서비스 공급자는 데이터 처리자라고 가정할 수 있다.

데이터 관리자는 데이터 처리자가 데이터 관리자를 대신해 서비스를 수행할 때 필요에 따라 데이터 처리자에게 개인 데이터를 제공할 수 있다. 따라서 합성 데이터셋을 생성하기 위해 원래 데이터셋을 타사 서비스 공급자와 공유하는 것은 GDPR에 의해 허용된다. 그러나 GDPR은 데이터 공유와 관련 당사자에게 일정한 제한을 가한다.

처리자와 개인 데이터를 공유하고자 하는 관리자는 GDPR의 요건에 따라 개인 데이터를 처리하고 데이터 주체의 권리를 보호하는 '충분한 보증'을 제공할 수 있는 처리자를 선택해야 하는 주의 의무가 있다.

또한 GDPR은 관리자와 처리자 사이에 처리자가 다음을 의무적으로 수행하도록 계약할 것을 요구한다.

- "관리자로부터 문서화된 지침으로만" 개인 데이터를 처리한다.
- 개인 데이터를 처리하는 각자가 해당 데이터에 대한 기밀 의무를 준수하는지 확인한다.
- 개인 데이터를 보호할 합리적인 보안 절차와 관행을 구현하고 유지, 관리한다.
- 데이터 보호 요구사항을 통과하고, 서면 계약, 그리고 관리자의 일반 또는 특정 사전 동의가 있는 경우에만 하청업체를 참여시킨다.[16]
- 통제관이 GDPR에 따라 데이터 주체가 권한을 행사할 수 있도록 지원한다.[17]
- 데이터 보안, 데이터 침해 통보, 위험 평가 및 규제 기관과의 협의에 관한 관리자의 의무를 충족하기 위해 필요한 경우 관리자를 지원한다.
- 서비스 완료 시 법률에 따라 보존할 필요가 없는 경우 모든 개인 데이터는 삭제하거나 관리자에게 반환한다.
- 신청에 의해 "처리자의 의무 준수를 입증하는 데 필요한 모든 정보"를 관리자에게 제공하며, "관리자 또는 관리자가 위임한 다른 감독관의 지휘를 받는 점검inspection을 비롯해 감사활동을 허용하거나 이에 기여한다."

데이터 처리자와 필요한 조건을 갖춘 계약이 체결되고 조치가 지켜지는 한, 합성 데이터셋을

---

**16** GDPR Art. 28(2), (3)(d), and (4). "General" consent for the processor to use subcontractors can be provided in advance, including as part of the contract, so long as the processor informs the controller of any addition of replacement of subcontractors, and gives the controller the opportunity to object.

**17** GDPR Art. 28(3)(e). In cases where a data processor holds personal data for a relatively short period of time, as would be the case here, where the original dataset containing personal data is processed by the service provider for only as long as is required to create and test the synthetic dataset, it is unlikely that this obligation to assist the data controller with requests from data subjects (such as requests to access or delete data) would apply in a significant way.

생성하기 위해 서비스 공급업체에 원래의 데이터셋을 제공하는 것은 GDPR에 의해 허용될 것이다.

## 합성 데이터셋이 만들어진 후에도 **GDPR**이 규제하거나 영향을 미치는가?

일단 합성 데이터셋이 생성되면, GDPR에 의한 데이터셋 규제는 이 데이터셋을 '개인 데이터'로 간주할 수 있는지 여부에 따라 달라진다.

GDPR은 '개인 데이터'를 다음과 같이 정의한다.

> **식별되거나 식별할 수 있는 자연인**natural person(데이터 주체)[18]과 관련된 모든 정보. 식별 가능한 자연인이란 특히 이름, 식별 번호, 위치 데이터, 온라인 식별자 또는 신체적, 생리학적, 유전적, 정신적, 경제적, 문화적 또는 사회적 정체성에 대한 하나 이상의 특정 요인과 관련된 식별자를 참조해서 직간접적으로 식별할 수 있는 사람이다.

합성 데이터는 사람에 대한 실제 데이터가 아니다. 실제 데이터셋을 기반으로 하지만, 합성 데이터셋의 단일 레코드는 원본(실제) 데이터셋의 개별 또는 레코드와 일치하지 않는다. 따라서 합성 데이터셋의 레코드는 실제 자연인과 관계없다. 실제 자연인에 해당하는 식별자를 포함하지 않으며, 실제 자연인의 신체적, 생리학적, 유전적, 정신적, 경제적, 문화적, 사회적 정체성을 언급하지 않는다. 요컨대, 완전 합성 데이터셋은 '개인 데이터'의 GDPR 정의를 충족하지 못하며 GDPR의 범위를 벗어난다. 따라서 합성 데이터셋은 제한 없이 공공에서 이용하는 것을 비롯해 사용하고 배포할 수 있다.

## 6.2.2 CCPA 이슈

여기서는 CCPA가 합성 데이터 생성과 사용에 어떻게 적용되는지를 묻는 몇 가지 일반적인 질문을 다룬다.

## 합성 데이터셋을 생성 그리고/또는 평가하기 위해 원래(실제) 데이터셋을 사용하는 것이

---

18 옮긴이_ 법인에 대비해 쓰는 표현

## CCPA에 의해 제한되거나 규제되는가?

GDPR과 달리, CCPA는 개인 정보를 처리할 법적 근거를 마련할 필요가 없다. 기업의 개인 정보 수집이나 내부 이용에 큰 제약도 두지 않는다. 그 대신, CCPA는 대체로 상업적인 맥락에서 개인 정보의 많은 이전을 허용하기 위해 광범위하게 정의되는 개인 정보의 '판매'를 규제하는 데 주안점을 둔다.

결과적으로, 기존 데이터셋으로 합성 데이터셋을 생성하는 행위는 CCPA에 의해 특별히 규제되지 않는다. 따라서 CCPA는 합성 데이터셋을 생성 및 평가하기 위해 개인 정보의 사용을 금지하거나 제한하지 않는다.

대신에 GDPR과 마찬가지로, 데이터 사용 시 개인 정보가 어떻게 사용되는지를 알려주는 통지와 같은 CCPA 의무가 적용되며, 이는 합성 데이터를 생성하기 위해 데이터를 사용하는지 여부에 상관없이 조직에 적용될 것이다.

## 원래 데이터셋을 타사 서비스 공급업체와 공유해 가상 데이터셋을 생성하는 것이 CCPA에 의해 제한되거나 규제되는가?

앞에서 언급했듯이, CCPA는 개인 정보의 '판매'를 규제하며, 판매는 매우 광범위하게 정의된다. 그러나 '서비스 공급업체'에 개인 정보를 이전하는 경우, 이는 '판매'의 정의에서 제외된다.[19] 특히 기업에 의해 개인 데이터를 서비스 공급업체에 이전하는 경우, 그 이전은 다음과 같은 요건을 충족하는 한 CCPA에 따른 판매로 규제되지 않는다.

- 기업에서 개인 정보가 서비스 공급업체와 공유될 것이라는 통지를 제공해왔다.
- 기업을 대신해서 서비스 공급업체는 서비스 제공에 필요한 목적 이외의 목적으로 개인 데이터를 수집, 사용, 판매 또는 노출하지 않는다.
- 사업자와 서비스 공급업체 사이에 서면 계약을 하는데, 사업자는 기업을 대신해 계약에 명시된 서비스를 수행하는 것 이외의 목적으로 개인 정보를 보유, 사용, 판매 또는 노출하는 것이 금지된다.

그러므로 사업자와 서비스 공급업체 사이에 계약을 체결하는 것을 비롯해서[20] 이 기준이 충족

---

**19** 사실상 모든 조직은 서비스 공급업체와 일부 데이터를 수시로 공유하므로 조직의 개인 정보 취급 통지는 이미 노출됐다는 점에 유의하라.

**20** 서비스 공급업체의 경우, CCPA가 요구하는 계약 조건은 데이터 프로세서의 GDPR이 요구하는 계약 조건과 일부 유사하지만 동일하지는 않다. 그러나 하나의 계약이 CCPA와 GDPR의 목적에 모두 부합하기 위해, 두 가지 모두를 충족하는 조건을 만드는 것은 가능하며 종종 신중한 조치다.

되는 한, CCPA의 대상 사업자는 개인 정보가 포함된 데이터셋을 해당 사업을 위해 합성 데이터를 생성해서 사용하는 서비스 공급업체와 공유할 수 있다.

## 합성 데이터셋이 만들어진 후에도 CCPA가 규제하거나 영향을 미치는가?

CCPA는 '개인 정보'를 "특정 소비자 또는 가구와 직접 또는 간접적으로 연관되거나, 직접 또는 간접적으로 관련되는" 어떤 정보로 정의한다. 이 정의는 매우 광범위하지만, 합성 데이터를 포함하지 않는다. 앞에서 언급했듯이, 합성 데이터는 실제 사람과 관련된 실제 데이터가 아니다. 실제 데이터셋으로 합성 데이터셋을 생성할 때, 실제 데이터셋의 개별 레코드와 합성 데이터셋의 개별 레코드 사이에는 아무런 연관성이 없다. 따라서 합성 데이터셋의 레코드는 특정 실제 소비자나 가구와 연관되거나 관련되는 것으로 간주되지 않아야 한다.

또한 개인 정보의 CCPA 정의에 의하면 종합 소비자 정보aggregate consumer information[21]를 포함하지 않는다고 명시한다. 그리고 '종합 소비자 정보'는 "개인 소비자 신원이 제거된 소비자 그룹 또는 범주와 관련된 정보로서, 장치를 통해 어떤 소비자 또는 가정과도 연결되지 않거나, 합리적으로 연결할 수 없는 정보"로 정의된다. 따라서 합성 데이터셋이 소비자의 그룹이나 범주에 적용되는 것으로 보일 수 있지만, 종합 소비자 정보의 제외는 합성 데이터셋이 개인 정보에 대한 CCPA 정의에 의해 적용되지 않는다는 결론에 가중치를 부여한다.

결론적으로 합성 데이터는 CCPA하에서 '개인 정보'가 아니기 때문에, CCPA의 요건을 따르지 않는다. 따라서 합성 데이터는 CCPA에 따라 제한 없이 자유롭게 사용하고 배포할 수 있다.

## 6.2.3 HIPAA 이슈

여기서는 합성 데이터의 생성과 사용 시 HIPAA의 적용을 묻는 일반적인 질문을 다룬다.

## 합성 데이터셋을 생성 및/또는 평가하기 위해 원래(실제) 데이터셋을 사용하는 것이 HIPAA에 의해 제한되거나 규제되는가?

HIPAA는 합성 데이터셋을 생성하기 위해, 보호대상 의료 정보protected health information (PHI)를

---

**21** 옮긴이_ 2018년 캘리포니아 소비자 프라이버시법 문서 : *https://www.privacy.go.kr/cmm/fms/FileDown.do?atchFileId=F ILE_000000000833937&fileSn=0*

사용할 수 있도록 허용한다. HIPAA 개인 정보 보호 규정은 개인의 허가 없이 그리고 개인이 동의하거나 반대할 기회를 제공하지 않고 허용되는 특정 HIPAA 사용을 명시한다.

허용된 사용은 다음과 같다.

**식별되지 않은 정보를 생성하기 위한 사용 및 노출. 대상 개체는 개별적으로 식별할 수 없는 정보를 생성하기 위해 보호대상 의료 정보를 사용하거나 이 목적을 위해 사업 관계자에게만 보호대상 의료 정보를 노출할 수 있다.[22]**

이 허용된 사용은 HIPAA 개인 정보 규정에서 보건 의료 운영을 또 다른 허용된 사용으로써 설명하는 다른 섹션의 내용을 기반으로 강화된다. 보건의료 운영은 "개체의 일반적인 행정 활동으로, 비식별 의료 정보 또는 제한된 데이터셋의 생성을 포함하되 제한을 두지 않음"을 포함하는 것으로 정의된다.[23]

합성 데이터셋의 생성은 전통적으로 '식별 해제(또는 비식별화)*de-identification*'라고 여겨져온 것과는 구별된다. 식별 해제에는 일반적으로 레코드 내에서 직접 및 간접 식별자를 제거, 마스킹 또는 변환하는 작업이 포함된다. 그러나 결과적으로 식별되지 않는 데이터셋은 일반적으로 원본 데이터셋의 레코드와 식별되지 않는 데이터셋의 레코드 간에 약간의 상관관계가 남아있는 원본 데이터셋의 변형된 버전으로 간주된다. 대조적으로, 합성 데이터는 완전히 새로운 데이터셋을 생성하는 것이며, 합성 데이터셋은 원래(실제) 데이터셋과 통계적으로 유사하지만 원본 데이터셋의 레코드와 합성 데이터셋의 레코드 간에는 직접적인 상관관계가 없다.

그럼에도 불구하고, HIPAA 개인 정보 보호 규정의 이 두 섹션 모두 식별 해제를 참조하지만, 두 섹션 모두 PHI의 허용된 사용으로서 합성 데이터 생성을 포함할 수 있을 만큼 폭넓게 해석해야 한다. 인용된 첫째 섹션에서 핵심 구절은 "개인 식별 가능한 의료 정보가 아닌 정보를 생성하는 것"이며, 이는 합성 데이터가 개인 식별 가능한 데이터가 아니기 때문에 PHI로 합성 데이터를 생성할 때 정확히 일어나고 있는 일이다(뒤에서 더 자세히 설명한다). 그리고 이 방식으로 비식별화를 기술하는 데 있어서 HIPAA 개인 정보 보호 규정은 HIPAA의 비식별화 개념이 PHI로 개별적으로 식별할 수 있는 정보를 포함하지 않는 데이터셋을 만드는 모든 조치를 포괄할 만큼 충분히 광범함을 강력하게 나타낸다.

--------------------------------

**22** HIPAA Privacy Rule § 164.502(d)(1).
**23** '제한된 데이터셋'은 특정 식별자를 제거했지만 완전히 익명화된 정보에 대한 HIPAA 표준을 충족하지 않는 데이터셋이다. HIPAA 개인 정보 보호 규정 § 164.514(e)(2)를 참조하라.

덧붙여 '비식별 의료 정보나 제한된 데이터셋을 생성하는 것'을 포함하는 '보건의료 운영' 정의 파트에는 "포함하되 이에 한정되지 않는다"라는 문구가 선행한다. 따라서 개인에 대한 강력한 개인 정보 보호를 초래하는 매우 유사한 유형의 운영도 허용된 사용 범주에 포함된다는 결론을 내리기 쉽다. 또한 두 섹션과 관련해 합성 데이터는 거의 항상 비식별화된 데이터보다 개인 정보를 훨씬 더 잘 보호하기 때문에 HIPAA 개인 정보 보호 규정을 협의로 해석하거나 HIPAA 가 데이터를 처리할 정책적인 이유가 없다. 익명화된 데이터셋을 생성하기 위해 PHI를 사용하는 것보다 합성 데이터 생성이 조금 더 유리하다.

따라서 합성 데이터의 생성을 HIPAA 개인 정보 보호 규정에 따른 PHI의 허용된 사용으로 보는 것은 합리적이고 타당한 결론이다.

### 원래 데이터셋을 타사 서비스 공급업체와 공유해 가상 데이터셋을 생성하는 것이 HIPAA 에 의해 제한되거나 규제되는가?

HIPAA에 따르면, 피보험자는 피보험자를 대신해 용역을 제공하는 다른 기업과 PHI를 공유할 수 있다. 용역 제공자를 대상 기업의 사업 관계자<sup>business associate</sup>라고 한다.

대상 기업과 사업 관계자 사이에는 계약이나 이와 유사한 약정이 있어야 한다. 계약은 PHI가 공유되는 서비스의 성격을 명시해야 하며, 사업 관계자에 의해 보호되는 의료 정보의 허용 및 필요 용도를 기술해야 하며, 사업 관계자가 PHI의 개인 정보와 보안을 적절히 보호하고, 특정한 그 외 요건을 충족해야 한다는 보증을 제공해야 한다.[24] 따라서 계약 또는 합성 데이터의 생성은 서비스 공급업체가 하나 이상의 합성 데이터셋을 생성하고 평가하기 위해 PHI를 사용할 수 있음을 명시해야 한다.[25] 계약 조건 외에도 사업 관계자는 HIPAA 보안 규정과 HIPAA 개인 정보 보호 규정의 특정 측면을 직접 따라야 한다.

따라서 합성 데이터를 생성할 목적으로 HIPAA 적용 대상으로부터 PHI를 받는 서비스 공급업체는 해당 대상의 사업 동료로 간주될 확률이 높다. HIPAA 개인 정보 보호 규정에 따른 사업 제휴 계약의 요구사항을 충족하는 적절한 계약이 있고 서비스 공급업체가 규정에 따라 그 외

---

**24** 비즈니스 관계 협정의 필수 요소 및 샘플 계약 언어에 대한 미국 보건 및 인적 서비스 부서의 지침은 *https://oreil.ly/53Ef0*에서 확인할 수 있다..

**25** 만약 서비스 공급업체가 더 광범위한 서비스를 수행하고 있고 합성 데이터의 생성이 서비스의 본질적인 부분이라면, 당사자들은 계약에서 그 내용을 명시하지 않더라도 허용된다고 주장할 수 있다. 그러나 의심을 피하기 위해, 대상 기업이 PHI를 포함하는 데이터를 서비스 공급업체와 공유해 가상 데이터셋을 만들 때, 당사자들은 계약에서 PHI의 허용된 사용을 명시적으로 언급해야 한다.

의무를 충족하는 한 서비스 공급업체와 PHI를 공유할 수 있다.

## 합성 데이터셋이 만들어진 후에도 HIPAA가 규제하거나 영향을 미치는가?

합성 데이터는 HIPAA의 범위를 벗어난다. HIPAA는 '개인 식별할 수 있는 의료 정보'와 '보호 대상 의료 정보'를 규제한다. '개인 식별 가능한 의료 정보'는 피보호 기업이 만들었거나 수신한 정보로, 개인의 신체 또는 정신 건강상태, 개인에 대한 의료 서비스 제공 또는 개인에 대한 의료 서비스 제공에 대한 지급과 관련된 정보를 말한다. 해당 정보는 개인을 식별하거나 각 개인에게 제공된 의료 서비스 지급액과 관련된다. 정보가 개인을 식별하는 데 사용될 수 있다고 믿는 타당한 근거가 있다. '보호대상 의료 정보'는 거의 같다. 그것은 '개인 식별 가능한 의료 정보'로 정의된다. 특정 교육 기록과 고용 기록에 대한 몇 가지 사소한 배제를 조건으로 한다.

합성 데이터는 실제 개인과 관련된 '실제' 데이터가 아니기 때문에 합성 데이터는 어떤 개인도 식별하지 못하며, 개인을 식별하는 데 합리적으로 사용될 수도 없다. 따라서 합성 데이터는 HIPAA의 범위를 벗어나며 HIPAA 규칙의 요건을 따르지 않는다. 따라서 이차 분석에 자유롭게 사용하거나 연구 목적으로 공유하거나 제한 없이 노출할 수 있다.

## 6.2.4 제29조 특별 조사 위원회의 의견

제29조 실무 그룹(현재 유럽 데이터 보호 위원회 European Data Protection Board)은 2014년 익명화에 대해 유력한 견해를 표명했다.[26] 여기서 주된 내용은 익명화가 아니지만 그 견해는 언제 정보가 더 이상 식별되지 않는지에 대한 유럽 규제 당국의 견해를 설명한다.[27] 그 의견은 영향력을 끼치면서 여러 방면에서 비판을 받았다.[28] 그럼에도, 다음 절에서는 정보가 식별 불가능성에 대한 이 의견의 기준을 설명하고, 이 기준을 해석하며, 합성 데이터가 이 기준을 어떻게 충족하는지 설명한다. 결국 합성 데이터가 다음에서 이야기하는 세 가지 기준을 충족시키며, 이 견해에 따라 비개인적 정보로 간주될 수 있음을 논증한다.

......................................

**26** 제29조 워킹 파티는 유럽 데이터 보호 당국, 유럽 데이터 보호 감독관, 유럽 위원회 대표들로 구성된 자문 기구다. 데이터 보호 규제의 다양한 측면을 해석하고 명료화하는 의견을 종종 발표해왔다.

**27** Article 29 Data Protection Working Party, "Opinion 05/2014 on Anonymisation Techniques," April 2014. *https://www.pdpjournals.com/docs/88197.pdf*.

**28** Khaled El Emam and Cecilia Alvarez, "A Critical Appraisal of the Article 29 Working Party Opinion 05/2014 on Data Anonymization Techniques," International Data Privacy Law 5, no. 1 (2015): 73-87.

세 가지 기준, 그 해석, 각 기준에 의거한 합성 데이터 평가는 다음과 같다.

## 싱글링 아웃

정의하자면, 싱글링 아웃$^{singling\ out}$은 데이터셋에서 개인을 식별하는 레코드의 전부나 일부를 분리하는 기능이다. 이 기능은 두 가지로 해석할 수 있다. 첫째는 데이터셋의 (준식별자에서의) 모집단에서도 고유한 레코드가 없어야 한다는 점이다. 둘째는 데이터셋의 레코드와 실제 사람 사이에 바르게 매핑이 돼서는 안 된다는 것이다.

합성 데이터의 경우, 고유한 실제 레코드에 매핑되는 고유한 합성 레코드가 없으며, 따라서 정의상 모집단의 고유한 개인에 대한 매핑은 없을 것이다. 또한 합성 데이터는 합성 레코드와 개인 간에 일대일 매핑이 되지 않음을 주요 전제로 하며, 따라서 둘째 해석 역시 실제로 충족할 수 있다.

## 연결성

연결성은 동일한 데이터 주체나 데이터 주체 그룹에 관한 최소 두 개의 레코드를 연결할 수 있는 기능이다. 이 기준은 동일한 데이터베이스에 있는 동일인에 속하는 레코드를 연결하는 데 연결성이 적용된다는 의미로 해석되는데,[29] 이는 본질적으로 종단 데이터$^{longitudinal\ data}$[30]를 금지하는 것이다.[31] 이 해석은 보건의료 연구와 같은 영역에서 중대한 부정적 영향을 미치기 때문에 비판받아왔다.

또 다른 해석은 이 기준이 레코드를 그룹에 할당하는 것을 금지한다는 의미인데, 이는 (모델이 레코드 간의 그룹 패턴 탐지에 기반하기 때문에) 기본적으로 데이터 통계 모델을 구축하는 것을 금지하는 것이다. 다시 말하지만, 이러한 해석은 실제 세계에서 데이터의 이차 사용을 대폭 차단할 것이다.

따라서 일반적으로 채택되는 해석은 레코드가 데이터베이스를 통해 연결될 수 없다는 것이다. 한 데이터베이스의 합성 레코드와 다른 데이터베이스의 실제 레코드를 성공적으로 연결할 확

---

[29] 옮긴이_ 예를 들어 서로 다른 테이블에 있는 서로 다른 두 가지 이상의 레코드가 동일인의 데이터라면 이들을 연결할 수 있다 (linkability)는 의미다.

[30] 옮긴이_ 반복적으로 측정된 자료.

[31] Khaled El Emam and Cecilia Alvarez, "A Critical Appraisal of the Article 29 Working Party Opinion 05/2014 on Data Anonymization Techniques," International Data Privacy Law 5, no. 1 (2015): 73–87.

률이 매우 낮기 때문에 이 기준은 이 정의를 충족한다.

## 추론

추론은 다른 속성 집합의 값에서 해당 레코드의 속성의 값을 높은 가능도<sup>likelihood</sup>로 추론할 확률 <sup>possibility</sup>이 높은 것으로 정의된다. 이 기준은 통계와 모델 구축을 금지한다는 의미로 해석되는 데, 이는 하나 이상의 변수가 포함된 데이터에서 집계/요약 통계의 사용을 제한하기 때문에 여기서 논의하는 목적에 부합하지 않는다.

따라서 개인에게 특정된 추론을 할 수 없어야 한다는 것이 일반적인 해석이다. 그러나 (모델 구축의 본질인) 개인 그룹과 관련된 추론은 그 범위에 포함되지 않을 것이다. 합성 데이터에는 실제 개인과 관련된 레코드가 있지 않기 때문에, 어떤 개인 추론도 특정 개인에 대한 것이 아닐 것이다. 실제로 추론은 대부분 개인 그룹에 관한 것이다. 특히 의미 있는 신원 노출의 정의는 특정 개인에 대한 정보 이득을 제한할 것이며, 이는 이 기준을 충족하도록 뒷받침한다.

## 제29조에 대한 마무리 의견

앞선 조항은 제29조 실무 그룹이 발표한 의견의 세 가지 기준을 실용적으로 해석한 것이다. 합성 데이터는 특정 개인과 일치하지 않을 것이고, 레코드는 데이터셋 전체를 통틀어 연결되지 않으며, 개인 수준의 추론이 가능하지 않기 때문에 비교적 간단한 방법으로 기준을 충족할 수 있다.

또한 이 기준을 해석하는 더 일반적인 의미는 데이터와 AIML 모델의 오용에 따른 위험을 의도적으로 제한하려는 것임을 알아야 한다. 데이터와 AIML 모델은 데이터 변환이나 생성 방법을 통해 다루기보다 거버넌스 메커니즘과 윤리적 검토를 통해 더 잘 다룰 수 있다.

# 6.3 요약

합성 데이터는 의미 있는 신원 노출로부터 보호하기 위한 조치다. 즉, 합성 레코드가 실제 사람과 연관되면, 해커는 몰랐던 대상 개인의 고유한 정보를 새롭게 알게 된다. 따라서 합성 데이터는 개인 데이터 또는 심지어 식별되지 않는 데이터의 사용과 관련된 개인 정보 보호 위험과 규제 준수 비용을 지불하지 않고서도 데이터에서 큰 가치를 창출한다.

합성 데이터의 생성에는 개인 정보가 담긴 실제 데이터셋의 처리가 포함되므로, 합성 데이터셋의 초기 생성과 테스트에는 개인 정보 보호법이 적용될 확률이 높다. 그러나 대부분의 개인 정보 보호법은 원본 데이터셋의 보안을 유지하고 적용 가능한 개인 정보 보호 통지상에 사용을 배제하지 않도록 하는 등의 특정 요건을 추가하는 것으로써 사용을 허용한다. 그러나 이는 일반적으로 원본 데이터셋의 소유자가 어떤 경우에도 수행해야 하는 준수 조치들이다.

마찬가지로 대부분의 개인 정보 보호법은 원본 데이터셋을 타사 서비스 공급업체와 공유할 수 있게 허용한다. 따라서 데이터 소유자는 특정 데이터 보호 조치가 취해지는 한 데이터 소유자를 대신해서 데이터로 합성 데이터를 생성하는 서비스 공급업체에 원본 데이터셋을 제공할 수 있다. 이 조치에는 보안 안전장치를 구현하고 적절한 계약이 체결됐는지 확인하는 일이 포함된다.

그리고 일단 합성 데이터가 생성되면, 이 데이터는 실제 개인과 관련된 실제 데이터가 아니기 때문에, 개인 정보 보호법의 범위를 벗어난다. 따라서 연구와 그 외 목적으로 자유롭게 사용하고 보급할 수 있다.

6장에서는 유럽의 GDPR, 캘리포니아의 CCPA, 미국 연방 HIPAA의 세 가지 주요 개인 정보 보호법을 검토했다. 법률은 데이터 보호를 규제하기 위해 서로 다른 접근법을 취하며 세부사항도 크게 다르지만, 합성 데이터의 생성, 배포, 사용에 관한 결론은 유사하다. 그리고 비록 국가와 부문별로 개인 정보 보호법에 큰 차이가 있더라도, 법률이 모두 유사한 원칙에 의거하고 위험을 적절히 관리하는 한 사회적, 개인적 이익을 크게 창출할 수 있는 개인 정보의 사용을 용인하는 경향이 있다. 따라서 관련 당사자들은 적용되는 사안에 대해 개인 정보 보호법에 의거해 이런 질문들을 검토하겠지만, 결론은 비슷할 것이다.

# CHAPTER 7

# 실제 데이터 합성

실제 데이터는 지저분하다. 데이터를 정제하고 선별해야$^{\text{curate}}$ 어떤 방법이든 불문하고 데이터 분석을 위한 데이터 합성 방법이 쉬워진다. 그러나 실무에서는 큐레이션되지 않은 데이터를 맞닥뜨리게 될 것이다.

7장에서는 합성 데이터셋과 합성 데이터 생성 기술을 전수해온 경험을 바탕으로 실제 데이터를 처리할 때 도움될 실용적인 고려사항을 제시한다. 모든 내용을 포괄하지는 못하지만, 앞으로 직면하게 될 일반적인 문제 몇 가지를 다룬다. 여기서는 도전적인 과업을 강조할 뿐만 아니라 이 과업을 해결할 방안도 몇 가지 제안한다.

이 시점에서는 합성될 데이터의 규모를 명시적으로 가정하지 않는다. 예를 들어, 금융 거래나 보험 청구와 같은 일부 데이터셋은 변수가 몇 개(수십 개, 심지어 수백 개)일 수 있지만 레코드 수는 매우 많다. 또 어떤 데이터셋은 레코드는 거의 없지만 변수가 매우 많을 수 있다(수천 개 내지는 수만 개). 이처럼 범위가 좁고 깊은 데이터셋과 범위가 넓고 얕은 데이터셋은 데이터를 합성하는 프로세싱에서 도전적인 과업이 된다. 이런 도전적인 과업은 수동으로 처리할 수도 있고 완전 자동화가 필요한 경우도 있다.

## 7.1 데이터 복잡성 관리

데이터 복잡성을 어떻게 관리할 것인지가 이 장에서 살펴볼 첫째 주제다. 만약 당신이 데이터를 다루는 일을 한다면 도전적인 과업을 처리하는 데 익숙할 것이다. 합성의 맥락에서 추가로 고려해야 할 사항을 알아보자.

### 7.1.1 전처리 단계를 위한 후처리 단계

데이터 사용자는 자신의 합성 데이터가 실제 데이터와 구조가 동일하다고 예상한다. 즉 데이터의 변수 이름, 필드 유형 등이 같으며, 실제 데이터의 데이터 모델이 합성 데이터로 유지되리라 기대한다. 그런데 여기서 논의한 데이터 합성 방법에는 일정한 형식의 입력이 필요하다. 데이터는 일정 범위(예, 0~1) 이내로 변환해야 하며 모든 데이터 테이블을 결합해서 단일 데이터 프레임을 생성해야 한다. 이 모든 데이터 전처리 단계는 후처리 단계에서 원래의 형태에 맞게 복구[1]해야 한다.

여기서는 데이터 준비와 데이터 전처리를 구분한다. 데이터 준비는 데이터 공급자가 수행한다. 예를 들어 모으는 데이터셋이 여러 개 있는 경우, 사전에 일정량의 데이터 조화<sup>data harmonization</sup>가 수행돼야 한다. 일반적으로 데이터 준비는 데이터 합성을 위한 작업이 아니라 종류를 불문하고 모든 데이터의 분석 작업에서 수행한다. 이는 서로 다른 데이터셋을 연결해서 사용할 합성 데이터셋을 생성하는 경우와 유사하다. 이런 데이터 통합은 데이터 공급자에 의해 준비 단계에서 이루어진다.

반면에 데이터 형성<sup>data shaping</sup>은 합성을 위한 전처리 단계다. 예를 들어 속성-값 쌍이 있는 데이터는 표준 통계 분석 도구로 작업하기 어려운 경우가 많으므로 더 일반적인 테이블 형식으로 재구성해야 한다. 합성 전처리는 방법론과 첨단기술의 일종이며, 데이터 합성에 사용할 방법과 긴밀하세 관련될 것이다.

### 7.1.2 필드 유형

합성을 위한 데이터셋의 전처리는 필드 유형에 크게 좌우된다. 예를 들어 연속형 변수는 명목형 변수<sup>nominal variable</sup>와 상당히 다르게 전처리된다. 변수가 수백 개 내지 수천 개인 대규모 데이

---

[1] 옮긴이_ 특정 변수가 0~10의 범위 값만을 허용한다면, 전처리 과정 중에 이를 0~1로 스케일링할 것이다. 합성을 끝낸 후 해당 스케일링된 변수 값을 원래의 형태로 바꾸어야 함을 의미한다. 즉, 언급한 변수에서는 0~10 → 0~1(전처리 결과) → 0~10(후처리 결과)로 스케일링 과정을 거쳐야 함을 의미한다.

터셋의 경우, 이 분류를 수동으로 수행하기는 실용적이지 않다. 그래서 각 변수를 전처리하고 후처리할 최선의 방법을 효율적으로 결정하기 위해 필드 유형을 자동화하는 것이 중요하다.

사소한 일처럼 보이겠지만, 메타데이터가 없고 도메인 지식이 한정적이라면 경시할 일은 아니다.

### 7.1.3 규칙의 필요성

데이터셋은 결정론적 관계$^{deterministic\ relationships}$를 갖기 마련이다. 이 예로는 키와 몸무게로 계산되는 BMI(체질량지수)와 같이, 입력이 다른 필드들로 계산되는 필드가 있다. 이 관계는 결정론적이다. 그러나 합성 방법은 대부분 확률적이며 합성할 때 약간의 오차가 발생한다. 그래서 결정론적 관계를 미리 감지해서 계산된 필드를 제거한 후 합성하는 편이 좋다. 그런 다음 공변량[2]이 합성된 후, 도출된 값을 계산해서 합성 데이터에 삽입한다.

계산된 필드는 설문지와 설문조사에서 볼 수 있다. 예를 들어 지수 점수$^{index\ score}$는 질문에 대한 응답으로 계산한다. 결정적으로 도출된 필드는 일부 규칙에 근거한 실험실 결과[3]로 해석할 수 있다. 예를 들어 실험실 결과가 임곗값을 초과하면 정상적이지 않다고 간주한다.

대규모 데이터셋에서 계산된 모든 필드를 수동으로 문서화하려면 시간이 많이 걸린다. 이 경우 데이터셋에 규칙을 자동으로 찾고 필요한 전처리와 후처리 단계를 수행할 방법이 필요하다.

### 7.1.4 모든 필드를 합성할 필요는 없다

대부분의 필드에는 적어도 고유 식별자가 하나 이상 있을 것이다. 예를 들어 번호는 데이터셋의 모든 개인을 식별하는 데 사용하는 사회 보장 번호일 수 있다. 또는 임상시험 데이터셋의 병원 식별자이거나 환자 ID일 수도 있다. 더 복잡한 데이터셋이라면, 고유 식별자가 두 개 이상 있을 것이다. 예를 들어 개인이 병원이나 은행을 방문할 때마다 사용한 식별자와 약국에서 조제한 약이나 상점에서 판매한 품목에 고유한 거래 식별자가 있을 것이다.

-----

**2** 옮긴이_ 통계에서 공변량이라는 변수는 독립변수라기보다는 하나의 개념으로서 여러 변수들이 공통적으로 함께 공유하고 있는 변량을 뜻한다. *http://www.statedu.com/lecture/262333*

**3** 옮긴이_ 실험실에서만 재연되는 것을 말한다.

따라서 지금까지 설명한 방법은 고유 식별자에 적용되지 않는다. 첫째 단계로, 원래 데이터셋에서 고유한 식별자를 찾을 필요가 있을 것이다. 이 필드는 레코드와 동일한 수의 값을 가지기 때문에 비교적 간단한 경우가 많다. 그러나 항상 그렇지만은 않다. 때로는 고유한 식별자가 없는 고아 레코드가 생기고, 이 레코드에 대한 결정이 필요하다. 데이터 합성 관점에서 고아 레코드도 합성될 수 있지만, 만약 고유 식별자들이 여러 정보 소스를 연결한다면 개인에 대한 다른 정보와의 상관관계는 설명되지 못할 것이다.

때때로 복합적인 고유 식별자가 있다. 이 경우에는 찾기가 더 어려우며, 각각 찾으려면 데이터 모델을 매우 잘 이해해야 한다. 복합 식별자란 둘 이상의 필드가 고유 식별자를 구성하는 경우를 말한다.

일단 고유 식별자가 발견되면 합성 데이터에서 가명화된다. 가명화하는 방법은 여러 가지다. 암호화 기법을 사용하거나(예, 암호화 또는 해싱), 고유 식별자를 원래 식별자와 일대일로 매핑되는 임의의 값으로 대체할 수 있다.

특수 문자(예, 's_')를 합성 가명화된 값 앞에 붙이는 것이 좋다. 그러면 데이터 사용자가 합성 데이터를 실제 데이터로 착각하는 실수를 하지 않는다. 데이터셋의 기원을 아는 것은 중요하다. 그러나 필드 유형이 정수이고 필드 유형을 유지하고자 하는 경우에는 가명 값의 앞에 's_'를 붙이는 방법이 효과가 없다. 따라서 다른 메커니즘을 사용할 필요가 있다.

## 7.1.5 날짜 합성

날짜를 합성할 때는 특별히 고려할 사항이 있다. 날짜에는 적어도 두 가지 종류가 있다. 여기서는 정확한 날짜(또는 정확한 날짜의 근사치)가 중요하므로 이를 인구통계학적 날짜(출생일, 사망일, 결혼일)라고 칭하겠다. 그리고 이들 사이에 가장 중요한 이벤트가 발생한 날짜가 있다.

인구통계학적 날짜는 정수로 나타낼 수 있으며, 정수는 전통적인 접근법으로 합성할 수 있다. 예를 들어 인구통계학적 날짜는 1990년 1월 1일 이후의 일수로 간주한다.

이벤트 날짜는 관련 날짜로 변환하기가 가장 쉽다. 즉, 개인(데이터에 있는 모든 개인)에게 특정한 고정 날짜anchor date를 선택하고 모든 날짜를 고정한[4] 이후의 일수로 변환한다. 예를 들어

---

[4] 옮긴이_ 예를 들어, 특정 일자를 기준으로 데이터의 모든 날짜를 그 일자에서 지난 일수로 표현할 때 그 특정 일자를 가리킨다.

임상시험 데이터셋이라면 임의로 정한 날짜나 선별 날짜, 종양학 데이터셋에서는 진단 날짜가 될 수 있다. 금융 서비스 데이터셋이라면 개인이 고객이 되거나 계정을 등록한 날짜가 될 수 있다. 그러면 상대적인 날짜를 합성할 수 있다.

관련 날짜가 여러 개 있고 사용할 명확한 고정 날짜가 없을 때는 날짜 간의 관계를 유지해야 한다. 예를 들어 합성된 데이터셋에는 입원 날짜 이전에 퇴원 날짜가 발생하지 말아야 한다. 그런 경우에 체류 기간을 산정하거나 입원일을 합성할 수 있다. 합성한 체류 기간과 입원일을 이용해 합성한 후에 퇴원일을 계산한다. 이 경우 시간상의 전후관계를 다루려면 주의를 기울어야 한다.

상대적으로 각 환자의 날짜에 임의 날짜를 각각 추가할 수 있다.[5] 이렇게 하면 상대적 간격을 유지하지만 정확한 날짜는 유지되지 않는다.

이벤트 수가 많은 데이터셋에서는 데이터의 시간적 특성을 처리하는 방법이 몇 가지 있다. 한 가지 접근법은 데이터를 평탄화flatten하고 모든 사건을 열column로 나타내는 것이다. 데이터셋의 모든 레코드가 동일한 일련의 이벤트를 가질 때 올바르게 작동한다. 예를 들어 방문 계획이 미리 잡힌 임상시험이나 치료 계획 일정이 정해진 종양학 데이터셋에서 이러한 일이 발생한다. 이렇게 평평한 데이터셋에서는 일반적으로 사용되는 횡단면 데이터cross-sectional data[6] 합성 기법을 적용할 수 있다. 데이터가 시간의 흐름을 따르는 경우에는 정확한 데이터 합성을 위해 시간 의존성을 설명하는 더 정교한 방법이 필요하다.

## 7.1.6 지리 합성

지리적 변수의 대표적인 예가 ZIP 코드나 우편번호다. 이 변수는 데이터셋의 명목 변수이기 때문에 다른 명목 변수처럼 다뤄 합성할 수 있다.

만약 위치를 경도와 위도로 포착한다면, 예를 들어 바다 한가운데나 광산에 있을 수 없기 때문에 합성된 위치는 더 복잡해진다. 따라서 다시 한번 위치 처리를 위한 부가적 정보가 필요하다.

실제로 위치의 일반화나 섭동과 같은 전통적인 데이터 보호 방법이 이때 사용된다. 정확한 위치 필드는 데이터셋의 다른 필드를 처리할 때처럼 처리할 수 없다.

---

**5** 옮긴이_ 해당 날짜에 임의의 기간을 더해 변형하는 것을 의미하는 것 같다.
**6** 옮긴이_ 특정 시점에 대한 데이터를 말한다.

### 7.1.7 조회 필드와 조회 테이블

일부 데이터셋에는 조회 필드가 있다. 이는 필드의 값이 다른 테이블의 특정 레코드를 찾는 열쇠가 될 때다. 일반적으로 합성 프로세스가 실제 값 못지않게 조회 값에도 잘 작동하기 때문에 조회 필드는 문제가 되지 않는다. 단, 이 경우 조회 테이블 자체가 합성돼서는 안 된다. 조회 테이블의 검출과 다듬는 과정은 전처리 과정에서 중요한 단계다.


### 7.1.8 누락된 데이터와 기타 데이터 특성

실제 데이터는 결측값을 가진다. 합성 프로세스는 원래 데이터의 결점 패턴을 복제할 뿐이기 때문에 일반적으로 결측값이 합성에 문제가 되지는 않는다. 경우에 따라 데이터 합성 분석가는 합성에 착수하기 전에 누락된 값을 대체imputation한 후에 완전한 데이터셋에서 합성을 시도한다. 이 또한 대체 과정을 신뢰성 있게 수행하는 한 해볼 가치가 있다. 한 가지 주의사항은 대체하는 방법이 합성 프로젝트의 복잡성을 크게 증가시키고 최종 사용자 데이터 분석가가 대체 과정을 통제하기를 원한다는 것이다.

일반적으로 데이터 품질 문제가 합성 프로세스에 앞서서 처리됐다고 가정한다. 그렇지 않으면 데이터 품질 문제가 합성 데이터에 고스란히 반영될 것이다. 즉, 데이터 합성은 지저분한 데이터를 정제하지 않는다. 예를 들어 변수에 사용된 코딩 방식이 일관성 있게 적용되지 않은 경우(예, 수동으로 입력해서 오류가 있거나, 버전 표시가 되지 않아 히스토리를 추적할 수 없는 기간에 수정된 내용이 사용됨), 특징이 합성 데이터에 반영될 것이다.

이 책에서 설명한 일반적인 체계scheme하에서는 텍스트 필드를 합성할 수 없다. 텍스트 합성을 연구한 바 있지만, 여기서는 다루지 않았다. 따라서 합성 데이터셋에서 텍스트 필드가 삭제될 것이라 가정한다.

게놈 데이터와 같이 긴 시퀀스로 이루어진 데이터셋에는 텍스트와 유사한, 합성에 전문화된 기술셋이 있다. 긴 시퀀스는 이동 궤적(예, 자동차, 사람, 트럭)에서도 나타난다. 궤적에는 위치와 시간적 복잡성이 추가된다. 그런 의미에서 일련의 모든 이벤트에는 이벤트와 관련된 속성이 많다. 이 책에서 논의한 방법에서는 이러한 유형의 데이터를 다루지 않으며, 이 종류의 정보 합성은 현재 진행 중인 연구의 대표적인 영역이다.

### 7.1.9 부분 합성

일부 데이터셋은 상당히 복잡하며, 합성 프로세스는 엔티티 간에 많은 양의 정보를 유지할 필요가 있다. 엔티티가 테이블이 아닌 개별 레코드인 경우 복잡성은 중요할 수 있다. 이런 데이터셋의 경우에 해결책은 부분적으로 합성된 데이터셋을 생성하는 것이다. 여기서는 일부 변수가 합성되고, 일부 변수는 유지된다. 이는 기존의 비식별화 방식과 유사하다. 그러나 부분 합성을 통해 합성된 변수의 수는 여전히 막대할 수 있다.

부분 합성을 사용할 경우 조직이나 분석가는 생성된 모든 데이터셋에 프라이버시 보장 검사를 수행하도록 권장한다. 이 검사는 프라이버시 위험이 관리됐다는 보장도 함께 제공한다.

## 7.2 데이터 합성 구성

합성 데이터 생성 프로젝트는 일련의 기술적 요소와 변경 관리 요소에 성패가 갈린다. 여기서 변경 관리는 합성 데이터를 업무에서 사용할 수 있도록 분석가와 분석 책임자를 지원하는 데 필요한 활동을 이야기할 때 사용된다. 다음 절에서 다루는 실무 관행은 데이터 합성 구현의 결과에 막대한 영향을 미친다.

데이터를 합성할 때 들어가는 수작업의 양은 비교적 적지만, 많은 데이터 합성 방법은 계산량이 엄청나다. 그래서 이 절에서는 먼저 컴퓨팅 용량의 중요성을 논의하고, 그다음에 분석가가 전체 데이터셋이 아닌 코호트만으로 작업하는 상황을 고려한다. 그리고 데이터 분석가와 데이터 사용자의 구매를 획득하고 유지하기 위한 검증 연구의 중요성에 대한 논의로 마무리한다.

### 7.2.1 컴퓨팅 용량

데이터 합성과 프라이버시 보장은 특히 데이터셋이 크고 복잡한 경우에 계산 집약적이다. 게다가 변수가 많고 거래가 많은 대규모 데이터셋이라면 더욱 그렇다. 그렇지 않으면 합성 프로세스에 오랜 시간이 걸리기 때문에 이를 과소평가해서는 안 된다. 이 문제를 해결할 방법은 결국 시간이지만, 구조적 문제도 고려해야 한다.

예를 들어 데이터 합성을 위해 의사결정 트리를 사용할 때 데이터 필드의 범주 수가 문제가 된다. 의사결정 트리는 변수를 선택하고 변수에 이진 분할을 수행해서 트리를 만든다. 명목 변수의 경우 이 알고리즘은 가능한 모든 분할을 평가한다. 예를 들어 변수에 가능한 세 개의 값 {A, B, C}가 있는 경우, 가능한 분할은 {{A}, {B, C}}, {{A, B}, {C}}, {{A, C}, {B}}다. 가장 좋은 분할을 찾기 위해 이들 각각은 평가된다. 범주가 많을 때는 가능한 분할의 수가 엄청 커서 계산상으로는 이를 수행할 수 없다. 이때 합성 프로세스를 진척시키려면 전처리 중 데이터의 특별한 조작이 필요하다.

이런 문제들은 합성 프로세스에서 반드시 고려해야 할 실질적인 사안의 일부일 뿐이다. 데이터를 합성할 때는 다루는 데이터의 유형에 따라 더 많은 문제가 추가된다.

## 7.2.2 기술 도구상자

데이터 합성에 사용되는 방법은 매우 다양하다. 어떤 방법은 작은 데이터셋에 최적인 반면, 다른 방법은 데이터셋이 크고 심층학습 모델을 훈련할 때만 잘 작동한다. 또 일부 방법은 횡단면 데이터cross-sectional data에 더 적합하며, 종단면 데이터longitudinal data에는 종단면 시퀀스의 복잡성 정도에 따라 다양한 접근법을 사용할 수 있다.

실제로 조직의 데이터셋이 동질적homogeneous이지 않다면 각각 특정 데이터 특성에 적합한 합성기 도구상자를 보유해야 한다. 휴리스틱은 특정 데이터셋에 가장 적합한 합성기를 선택하기 위해 수동 방식이나 자동화 방식으로 적용할 수 있다. 유니콘 합성기[7]가 단 하나라고 가정하는 것은 데이터 합성 성능의 구축에 접근하는 가장 신중한 방법이 아닐 것이다.

## 7.2.3 전체 데이터셋 vs. 코호트 데이터셋 합성

실무적으로 많은 데이터 분석과 AIML 모델은 각각 전체 데이터셋의 특정 코호트cohort 또는 서브셋상에서 수행되거나 개발된다. 예를 들어 특정 연령 범위 내 소비자의 서브셋만 관심 대상이 되거나 변수의 서브셋만 관심 대상이 될 수도 있다. 그런 다음 마스터 데이터셋에서 코호트를 추출해 분석가에게 전송한다.

데이터 합성의 경우, 추출할 때 각 코호트를 합성하기보다 전체 데이터셋을 합성하기가 훨씬

---

7 옮긴이_ 성능이 가장 좋은 합성기를 의미하는 것 같다.

더 쉽다. 데이터 효용성은 일반적으로 이런 방식에서 더 좋을 것이다. 그리고 개별 코호트의 합성에는 그다지 뚜렷한 이점이 없다.

이 주장을 고려하면, 데이터는 나가는 대로가 아니라 들어오는 대로 합성하는 것이 좋다. 예를 들어 어떤 조직이 데이터 호수[8]를 가지고 있고 특정 분석을 위해 호수에서 코호트를 추출하는 경우, 합성 데이터로만 데이터 호수를 구성하도록 하기 위해서 데이터가 데이터 호수에 들어갈 때마다 데이터 합성을 수행해야 한다.[9]

## 7.2.4 연속 데이터 피드

종종 연속적인 데이터 피드를 합성해야 한다. 일반적인 접근법은 들어오는 데이터를 배치하고, 새로운 데이터로 모델을 훈련하거나 업데이트한 다음, 새로운 시퀀스를 생성하는 것이다. 훈련은 시간이 걸리므로 데이터 피드에 응답시간 제약이 있는 경우 재훈련을 수행하지 못할 수 있다. 이 경우 정기적인 업데이트만 해서 기존 모델로 데이터를 합성하게 된다.

## 7.2.5 인증으로서의 프라이버시 보장

오늘날 규제 환경과 프라이버시 위험을 주제로 하는 현대 공공 담론contemporary public discourse에서 신중한 조직prudent organization은 보수적인 쪽에서 오류를 범하게 될 것이다. 규제 당국과 대중이 프라이버시 위험을 우려하고 데이터의 이차 사용을 부정적으로 언급하는 일이 증가하면서 합성 데이터에 프라이버시 보장을 수행하는 일은 더욱 중차대해졌다. 앞에서 언급한 바와 같이, 합성 모델이 과적합되지 않았다고 당연시해서는 안 된다. 이는 경험적 질문이다.

합성 데이터에 프라이버시 보장을 정기적으로 수행해야 하는 중요한 이유가 있다.

- 식별 위험이 매우 작음을 입증하는 데 필요한 문서를 제공한다. 이 문서는 이차 데이터 사용에 의문을 제기하는 경우 유용하다.
- 데이터 공급자에게 합성 프로세스가 잘 수행됐고 합성 모델이 원본 데이터에 과적합하지 않았음을 보장한다.
- 이차적 목적으로 데이터를 사용할 때의 실사 수준을 대중에게 입증한다.

--------------------------------

**8** 옮긴이_ data lake. 가공되지 않은 상태로 저장되어 접근이 가능한 엄청난 양의 데이터. 네이버 어학사전과 위키백과 참조(https://en.wikipedia.org/wiki/Data_lake)
**9** 옮긴이_ 데이터를 수집할 때부터 데이터를 합성하는 것이 좋다는 의미다.

따라서 데이터 합성을 수행하는 조직은 실무적으로 프라이버시 보장을 합성 작업의 표준절차로 설정하는 것을 고려해야 한다.

## 7.2.6 구매를 위한 검증 연구 수행

아마도 데이터 합성 프로젝트의 성공을 좌우하는 핵심 요인은 데이터 사용자와 데이터 분석가의 구매 가능성일 것이다. 예를 들어 데이터 분석가에게 합성 데이터의 사용은 낯선 것이다. 데이터 합성을 사용하는 프로세스에서 검증 단계를 거치는 것이 중요하며, 여기서는 이 단계를 [그림 2-14] 프로세스에 명시적으로 포함시켰다. 검증이란 당면한 작업에서 작동하는 합성 데이터의 효용성을 입증하기 위해 많은 사례 연구를 수행함을 의미한다. 비록 다른 조직들에 합성 데이터를 사용한 예가 존재하더라도, 조직 소유의 데이터를 이용한 데모는 합성 데이터를 사용하는 데이터 분석가에게 훨씬 더 큰 영향을 미친다.

검증은 합성 데이터의 결과가 실제 데이터의 결과와 유사함을 의미한다. 유사성의 정도는 특정 사용 사례에 따라 달라진다. 예를 들어 합성 데이터를 소프트웨어 시험에 사용할 때의 유사성 기준은 합성 데이터를 고위험 보험금 청구를 식별해줄 AIML 모델을 구축하는 데 사용할 때의 기준보다 덜 엄격할 것이다.

검증 연구는 실제로 발생할 확률이 높은 데이터셋과 상황을 대표하는 것으로 선택해야 한다. 검증을 위해 가장 까다로운 데이터셋이나 상황을 선택하는 것은 그다지 유용하지 않으며 성공하지 못할 확률이 높다. 반대로 가장 간단한 시나리오를 선택하는 것은 최종 합성 데이터 사용자에게 설득력이 없다.

## 7.2.7 의도적 공격자 테스트

프라이버시 보장을 수행하는 또 다른 접근법은 합성 데이터에 대한 공격을 구성하는 것이다. 그렇게 해서 실제 사람에게 합성 레코드를 매핑하는 정도를 경험적으로 테스트해본다. 일반적으로 이 방법은 프라이버시 커뮤니티에서 동기화된 의도적 공격자 테스트motivated intruder test[10]라고 불린다.

---

**10** 옮긴이_ 번역은 다음 링크의 문서를 기준으로 했다. *https://www.khidi.or.kr/fileDownload?titleId=333205&fileId=1&fileDownType=C&paramMenuId=MENU01521*

의도적 공격자 테스트는 (범법 행위나 비윤리적 행위 없이) 합성 데이터를 식별하려고 시도하는 공격자의 행동을 모방한다. 이 테스트를 수행하는 개인이나 팀은 합성을 수행하는 팀과 독립적으로 분리돼야 한다.

의도적 공격자 테스트가 효과적이기 위해서는 실제 인물과 합성 레코드의 일치가 의심되는 것들을 검증할 수 있는 의미 있는 방법이 있어야 한다. 이는 합성 데이터만으로는 가능하지 않기 때문에, 검증 능력이 없는 상태이므로 이 유형의 테스트는 의심스러운 일치만을 초래한다는 한계가 있다.

### 7.2.8 합성 데이터 소유자는 누구인가?

마지막에 다루려고 남겨둔 가장 논란이 많은 문제를 다룰 때가 됐다. 바로 '누가 합성 데이터를 소유하느냐' 하는 문제다. 보험 회사가 특정 보험금 청구 데이터셋을 소유한다고 가정해보자. 만약 공급업체가 그 데이터셋을 합성해 변형본을 만든다면, 그 합성 데이터는 여전히 보험 회사의 소유인가?

이 질문의 답은 협약한 계약에 따라 달라질 것이다. 종래에는 많은 계약들이 데이터 합성을 고려하지 않았을 테니 이 문제를 직접적으로 다루지 못했을 것이다.

합성 레코드와 보험 회사의 실제 고객들 사이에는 일대일 매핑이 없기 때문에, 이 둘은 같은 데이터가 아니다. 그러나 합성 데이터에서 도출할 수 있는 추론은 원래 데이터에서 도출한 추론과 유사할 것이다. 이쯤에서 이 질문의 답은 독자의 숙제로 남겨두겠다.

# 7.3 결론

7장에서는 데이터 합성 프로젝트에서 발생할 수 있는 몇 가지 실질적인 도전적 과업과 그 해결책을 다루었다. (이전의 내용을 모두 읽었다는 가정하에) 이 장을 완독한 후, 데이터 합성의 바탕이 되는 기본 개념과 기법만이 아니라 합성을 위한 사용 사례와 합성이 해결할 수 있는 문제의 유형을 잘 이해하게 됐을 것이다. 더 귀한 소득은 이제 개인 정보 보호와 합성 데이터상의 데이터 효용성 간의 균형점을 인식하게 된 것이다.

# INDEX

# INDEX

# INDEX